新　視　野
中華經典文庫

新　視　野
中華經典文庫

圍爐夜話

名譽主編 饒宗頤

導讀及注釋 何淑宜

中華書局

新視野中華經典文庫

圍爐夜話

□
導讀及注釋
何淑宜

□
出版
中華書局（香港）有限公司
香港北角英皇道 499 號北角工業大廈一樓 B
電話：(852) 2137 2338　傳真：(852) 2713 8202
電子郵件：info@chunghwabook.com.hk
網址：http：//www.chunghwabook.com.hk

□
發行
香港聯合書刊物流有限公司
香港新界大埔汀麗路 36 號
中華商務印刷大廈 3 字樓
電話：(852) 2150 2100　傳真：(852) 2407 3062
電子郵件：info@suplogistics.com.hk

□
印刷
深圳中華商務安全印務股份有限公司
深圳市龍崗區平湖鎮萬福工業區

□
版次
2013 年 7 月初版

□
規格
大 32 開（205 mm × 143 mm）

□
ISBN：978-988-8263-02-8

出版說明

為甚麼要閱讀經典？道理其實很簡單——經典正正是人類智慧的源泉、心靈的故鄉。也正是因此，在社會快速發展、急劇轉型，因而也容易令人躁動不安的年代，人們也就更需要接近經典、閱讀經典、品味經典。

邁入二十一世紀，隨着中國在世界上的地位不斷提高，影響不斷擴大，國際社會也越來越關注中國，並希望更多地了解中國、了解中國文化。另外，受全球化浪潮的衝擊，各國、各地區、各民族之間文化的交流、碰撞、融和，也都會空前地引人注目，這其中，中國文化無疑扮演着十分重要的角色。相應地，對於中國經典的閱讀自然也就有不斷擴大的潛在市場，值得重視及開發。

於是也就有了這套立足港臺、面向海外的「新視野中華經典文庫」的編寫與出版。希望通過本文庫的出版，繼續搭建古代經典與現代生活的橋樑，引領讀者摩挲經典，感受經典的魅力，進而提升自身品位，塑造美好人生。

本文庫收錄中國歷代經典名著近六十種，涵蓋哲學、文學、歷史、醫學、宗教等各個領域。編寫原則大致如下：

（一）精選原則。所選著作一定是相關領域最有影響、最具代表性、最值得閱讀的經典作品，包括中國第一部哲學元典、被尊為「群經之首」的《周易》，儒家代表作《論語》、《孟子》，道家代表作《老子》、《莊子》，最早、最有代表性的兵書《孫子兵法》，最早、最系統完整的醫學典籍《黃帝內經》，大乘佛教和禪宗最重要的經典《金剛經》、《心經》、《壇經》，中國第一部詩歌總集《詩經》，第一部紀傳體通史《史記》，第一部編年體通史《資治通鑑》，中國最古老的地理學著作《山海經》，中國古代最著名的遊記《徐霞客遊記》，等等，每一部都是了解中國思想文化不可不知、不可不讀的經典名著。而對於篇幅較大、內容較多的作品，則會精選其中最值得閱讀的篇章。使每一本都能保持適中的篇幅、適中的定價，讓普羅大眾都能買得起、讀得起。

（二）尤重導讀的功能。導讀包括對每一部經典的總體導讀、對所選篇章的分篇（節）導讀，以及對名段、金句的賞析與點評。導讀除介紹相關作品的作者、主要內容等基本情況外，尤強調取用廣闊的「新視野」，將這些經典放在全球範圍內、結合當下社會生活，深入挖掘其內容與思想的普世價值，及對現代社會、現實生活的深刻啟示與借鑑意義。通過這些富有新意的解讀與賞析，真正拉近古代經典與當代社會和當下生活的距離。

（三）通俗易讀的原則。簡明的注釋，直白的譯文，加上深入淺出的導讀與賞析，希望幫助更多的普通讀者讀懂經典，讀懂古人的思想，並能引發更多的思考，獲取更多的知識及更多的生活啟示。

（四）方便實用的原則。關注當下、貼近現實的導讀與賞析，相信有助於讀者「古為今用」、自我提升；卷尾附錄「名句索引」，更有助讀者檢索、重溫及隨時引用。

（五）立體互動，無限延伸。配合文庫的出版，開設專題網站，增加朗讀功能，將文庫進一步延展為有聲讀物，同時增強讀者、作者、出版者之間不受時空限制的自由隨性的交流互動，在使經典閱讀更具立體感、時代感之餘，亦能通過讀編互動，推動經典閱讀的深化與提升。

這些原則可以說都是從讀者的角度考慮並努力貫徹的，希望這一良苦用心最終亦能夠得到讀者的認可、進而達致經典普及的目的。

「弘揚中華文化」是中華書局的創局宗旨，二〇一二年又正值創局一百週年，「承百年基業，傳中華文明」，本局理當更加有所作為。本文庫的出版，既是對百年華誕的紀念與獻禮，也是在弘揚華夏文明之路上「傳承與開創」的標誌之一。

需要特別提到的是，國學大師饒宗頤先生慨然應允擔任本套文庫的名譽主編，除表明先生對本局出版工作的一貫支持外，更顯示先生對倡導經典閱讀、關心文化傳承的一片至誠。在此，我們要向饒公表示由衷的敬佩及誠摯的感謝。

倡導經典閱讀，普及經典文化，永遠都有做不完的工作。期待本文庫的出版，能夠帶給讀者不一樣的感覺。

中華書局編輯部

二〇一二年六月

目錄

《圍爐夜話》導讀

何淑宜

相較於晚清之後各方面情勢的劇烈變動與各式新事物、新觀念的輸入，清代中葉的歷史發展顯得較為沉寂，也較少引起關注。不過，在這個時期中，社會中躁動的因子其實隨着發生於帝國邊區的各種動亂漸次浮現，少數敏感的知識份子隱然感受到他們身處於一個將變未變的時代。如何在看似變動不大，實則秩序的根基逐漸被腐蝕的世界中找到安頓身心的憑藉，是當時部分士人的重要工作。《圍爐夜話》一書正體現了上述的關懷及思考。

《圍爐夜話》的作者王永彬生於乾隆五十七年（一七九二），咸豐四年（一八五四）纂成《圍爐夜話》。該書初時的流傳狀況並不清楚，不過據民國三十六年（一九四七）重刊者宋希尚（一八九六—一九八二）自述發現該書的經過，顯然此書在清末民初以某種形式流傳於社會上。[1] 另外，由於王永彬一生未離開過家鄉湖北枝江，屬於地方型士人，他的生平事跡也隱而不彰，直

1 清・王永彬，《圍爐夜話》（台北：宋希尚，1956），宋希尚，〈跋〉，頁33。

到近年枝江《王氏宗譜》的發現，[2]其中相關的記載使我們得以對王永彬其人其事有進一步的認識。

正如作者序言中所說，該書是在「心有所得」，「隨得隨錄」的情況下完成，因此書中的二百二十一則格言，並無任何系統。雖然如此，但是卻最忠實地反映出清代中後期一個地方文人對時勢與個人生命的思索，而之後該書不斷地重刻、出版，也讓這本書有了超越作者所處時空的其他意義。《圍爐夜話》中所呈顯的想法不一定完全適用於現代社會，但是閱讀經典的意義正在於透過理解書籍產生的時代環境，審視與經典相關的作者、刊印者、讀者如何觀察時代與社會，如何調處自身跟社會的關係，進而錘鍊自己面對多變環境的能力，這也是本書再版最重要的價值。

世紀末的此時，人已經很難獨善其身，安然處於社會之上，而在變動快速的現代世界中，更加難以用一套固定的知識或價值系統框限人們的思想。因此，經典的讀法也變得更為多樣化。經典就像一面面的鏡子，培養我們「設身處地」思考的態度，讓人超越個人生活經驗的限制，藉由討論過去的人面對各種公共或個人問題的方法，思索現在社會的難題，尋求解決的良方。以下的解讀將分別從作者的生活世界與書的生命兩個層面切入，希望以此為引，提供一條

2 王洪強、周國林，〈族譜中關於《圍爐夜話》作者王永彬的資料考述〉，《文獻》，2012年第一期，頁138-144。

理解本書的門徑。

一、時代、環境與個人

王永彬（一七九二—一八六九），湖北枝江縣人，終其一生以枝江縣為主要活動場所，是一個地方型文人。王氏出生於行商走販之家，乾隆年間其父王盛才因為經商從湖北咸寧遷居枝江石門村。王永彬年少時即面臨修習儒業、參加科舉或是隨父親外出商販的生涯抉擇，幾經懇求，他終於得以繼續讀書進學。不過，王永彬的科考之路並不順遂，最高的功名是在道光二十五年（一八四五）以恩貢生名義獲得候選教諭的資格，而擔任塾師與協修地方志成為他賴以維生的重要憑藉，譬如他曾參與編纂同治年間刊印的《枝江縣志》。[3]

3 清．查子庚修，《同治枝江縣志》，收入《中國地方志集成．湖北府縣志輯》（南京：江蘇古籍出版社，2001），第53冊，〈重修枝江縣志姓氏〉，頁1b。

雖然王永彬的功名不顯，不過，他卻是鄉里社會的領導人物。咸豐初年太平軍侵擾湖北期間，他曾被推為枝江西鄉團練團總，負責集訓壯丁，維持鄉里秩序。此外，他十分重視轉移鄉里風氣的工作，曾以俚語形式編纂〈醒世歌〉一篇，教導村莊婦孺。王永彬死後數年，枝江縣學生員曾呈請立其為「鄉賢」，雖然沒得到朝廷允許，但也由此可見鄉里社會對王氏一生的評價。[4]

王永彬的生平與其他明清時期的士人相較，並不特殊，然而正因為他不是特立獨行的人物，更能突顯時代、環境因素在他身上刻畫的痕跡，以及當時的一般士人面對社會變動所做的反應。因此，也更有助於讀者理解《圍爐夜話》書中的概念，以及地方士人在價值觀念傳導過程中所扮演的角色。

王永彬的出生地——枝江石門位於長江南岸，是湖北西南山區進入江漢平原的門戶，憑藉長江方便的水運，以及從西南山地流淌而出，在石門北方與長江交匯的清江水運，在清代，成為湖北貨物運輸與人口流動的重要交會點。康熙初年，人口較稀、山林資源豐富的鄂西南山區

4 關於王永彬生平的記述，參見王洪強、周國林，〈族譜中關於《圍爐夜話》作者王永彬的資料考述〉，頁138-144。

吸引鄰近的荊州、湖南、江西移民入山墾殖，雍正年間改土歸流之後，移民數量大增，到乾隆年間達到高峰。[5]

在這些移民中湖北省內部的人群移動不在少數，同時，遷徙的人口中除了入山墾殖的農民之外，也包括互通有無的商販，例如恩施縣的移民中，就有不少是「荊楚吳越之商，相次招類偕來」。[6]水運是中國南方來往流動的人口最方便的交通渠道，枝江由於長江、清江二河交會，是移民進入鄂西南山區交通路線的行經之地。枝江所產的棉花、[7]江漢平原的米糧，以及西南山地的森林、山產資源，吸引商人在此地活動，甚至定居。

5 張建民，《**湖北通史・明清卷**》（武漢：華中師範大學出版社，1999），頁 252。

6 清・多壽修，《**同治恩施縣志**》，收入《**中國地方志集成・湖北府縣志輯**》（南京：江蘇古籍出版社，2001），第 56 冊，卷 7，〈風俗〉，頁 8a。

7 據學者研究，枝江一地產棉量雖不甚豐，但棉花卻是該地的主要輸出品之一。《**枝江縣志**》即記載：「邑產棉……畝地以百觔計。……賈人多於董市、江口買花入川，呼為楚棉。」清・查子庚修，《**同治枝江縣志**》，卷 7，〈**賦役志下**〉，頁 7b-8a。董市、江口流經枝江縣的長江北岸，順江而西，會經過王永彬家族定居地石門村附近的白水鎮（長江南岸），之後可抵四川。相關研究參見張家炎，〈**移民運動、環境變遷與物質交流——清代及民國時期江漢平原與外地的關係**〉，《**中國經濟史研究**》，2011 年第一期，頁 57-66。

顯然王永彬的父親王盛才也在乾隆年間這波人口西移的行列中，而從他落腳長江沿岸的石門村，更可見其職業身份（商人）與定居地之間的關係。由於資料的限制，我們不容易判斷王盛才商業經營的規模，但是可以確定，成長於商人之家的王永彬對於身邊的商業世界並不陌生，而其家後來遭逢變故、家道中落的經歷，讓他對於財富的快速變化體會更深。此外，不順遂的仕途也讓他對功名利祿有另一層次的思考。因此，關於如何處身富貴之境，或是如何面對困窮之局，就成為《圍爐夜話》中重要的主題，譬如他說「困窮之最難耐者能耐之，苦定回甘」；又說「富貴易生禍端，必忠厚謙恭，才無大患；衣祿原有定數，必節儉簡省，乃可久延」。而財富利祿對個人的影響表面上看似只繫於個別人的作為，不過深一層看也與時代環境息息相關，所以他說：「以有財處亂世，其累尤深。」

從《圍爐夜話》的條目看來，王永彬對於財富利祿倏忽來去與個人處境的想法，並不完全新鮮，大多能在之前的時代中尋得類似的說法。不過，如果考慮到他所生存的時代，那麼書中不斷出現的「驕奢」、「淫靡」、「末俗」、「亂世」等詞語，與另一組詞彙，「安貧」、「名節」、「名教」、「濟世」、「經濟」，就不只是先賢勸誡格言的重複，而有彼此對應的關係，也反映出他對當時社會的觀察，以及對他所設定的讀者——士人的期許。

乾隆末年之後在社會經濟繁榮發展的表象下，危機卻也潛滋暗長，而王永彬居住的湖北枝江附近正是騷亂的中心地。湖北、湖南、四川、陝南山區在十八世紀之後包納了為數眾多、來自四方的移民人口，這幾個位處帝國西南邊區的省份也成為社會氣氛極為浮動，地方秩序亟待重整的地區。

嘉慶元年（一七九六），白蓮教徒聶傑人、張正謨起事於枝江、宜都交界的溫泉窯，釀成此後騷擾西南五省，延續八年之久的川陝楚白蓮教亂。[8] 另外，咸豐初年太平天國的軍事行動對枝江及鄰近州縣也產生極大的影響。咸豐二年（一八五二）太平軍進軍湖南岳州，一路北上期間，分兵擾及兩湖交界的監利縣；咸豐四年（一八五四）太平軍再度攻打岳州，又犯及湖北南部的江陵、松滋、東湖等地，鄰近縣份的白蓮教徒、土賊等也乘機而起。此後到同治年間，湖北南部數縣即籠罩在白蓮教徒、土匪、無賴甚至外地鄉勇四處為亂、流竄，擾攘不安的情勢中，這些勢力往往互相援引，因此只要一地發生動亂，鄰縣也常常隨之震動。同時，根據同治《枝江縣志》記載，從乾隆中期之後，該地幾乎每隔三、四年即發生規模較大的水、旱、雹災，

8 清・查子庚修，《同治枝江縣志》，卷7，〈賦役志下〉，頁17。

造成米價飛騰，人民饑饉的現象。[9]

王永彬一生的大部分時間幾乎都籠罩在嘉慶初年到咸豐年間的這幾波天災、人禍之中，他與地方上的士紳深刻地感受到由於無法根植於土地的人群流動頻繁，以及官方力量的貧弱，唯有以保甲、團練組織良民，聯合互保，並施以戰技訓練，「由一團以至數十團、數百團、千萬團」，進一步「合天下州郡皆聯為一體」，才能遏阻各種發生於地方內部的動亂因子。[10]因此，他擔任團總，積極參與鄉里的團練工作。

不過，王永彬覺得除了在地方防衛上組織鄉民，更為拔本塞源的方法應是「挽救人心」。這樣的想法顯然是當時不少士人不約而同的主張。由於清代中後期頻繁發生於帝國腹裏邊緣的

---

9 以上關於湖北南部各省動亂與天災的概況，詳見清・查子庚修，《同治枝江縣志》，卷7，〈賦役志下〉，頁18b-19a；卷20，〈雜志〉，頁6b-10a；清・倪文衛等修，《光緒荊州府志》，收入《中國地方志集成・湖北府縣志輯》（南京：江蘇古籍出版社，2001），第37冊，卷26，〈兵事〉，頁30a-32b；清・呂縉雲等修，《同治松滋縣志》，收入《中國地方志集成・湖北府縣志輯》（南京：江蘇古籍出版社，2001），第48冊，卷6，〈武備志〉，頁13a-20a；清・金大鏞修，《同治續修東湖縣志》，收入《中國地方志集成・湖北府縣志輯》（南京：江蘇古籍出版社，2001），第51冊，卷15，〈軍政下〉，頁29a-30b。

10 清・查子庚修，《同治枝江縣志》，卷7，〈賦役志下〉，頁19b-20b。

動亂，不僅影響地方士人的生活，也動搖帝國根基，因此引起其他地區士人的關注，敏感的知識份子感受到社會上有一股浮動、不安的氣息，也逐漸體會到必須有所作為的壓力。他們針對時局提出的各式意見，幅度有大有小，範圍涵蓋個人修身到社會、國家事務的檢討，從學術文化到政治革新，期望從方方面面找到遏止情勢惡化的藥石。[11]

這個時期的士人對如何挽救時局有一個相近似的意見，就如湖北監利縣士人王柏心（一七九九－一八七三）所說：「人心以維世宙，學術以維人心。方今政體莫急於此。」[12]他們認為社會、政治秩序的維持仰賴於人心之正，學術的目的則在於傳揚人們必須遵守的準則（大經大法），確保人心不亂。因此，以當時的情勢而言，為官行政的首務是重建標準，引導人心、風俗。這套想法中，人心、學術、政體這三個關鍵詞不是分立的概念，而是環環相扣、彼此相

11 有關清代中葉士人時代關懷的討論，參見唐屹軒，〈清嘉道咸時期士人的時代關懷〉，台北：政治大學歷史系博士論文，2013。

12 清．王柏心，《百柱堂全集》，收入《清代詩文集彙編》（上海：上海古籍出版社，2010），第603冊，卷32，〈岐亭三祠碑記〉，頁10b。

關。而解決問題的根本辦法在於士人以身作則，並且積極關切社會，進而改變世風。[13]

上述主張不脫傳統中國儒家政治思想中強調士人為社會責任承擔者的思考方式，它在中國歷史的演進中不曾中斷，只是隨着不同的時代、情境，在士人心中有濃淡輕重的差別。顯然，在清代中後期，學術與世風密切關連的想法，更為迫切，更引起士人的關注，賀長齡（一七八五－一八四八）編纂《皇朝經世文編》（道光六年刊印）是最為人熟知的例子；王永彬同鄉人王柏心纂成《樞言・續樞言》（道光十六、二十四年刊印）倡言「禁末」、「導俗」、「防侈」，[14]也表現了同樣的關懷。王永彬《圍爐夜話》中關於學問與世風的格言，更是這股思潮的體現。雖然《圍爐夜話》設定了一種寒夜圍爐，與子孫閒話為人處事道理，有如敘述家訓的情境，不過，書中的大部分內容其實是針對士人發言，講述為士之人如何修身、如何面對困窮的處境、如何謹守處於鄉黨的分際、如何教育子弟、士人的責任，以及學問與經世的關係等。他以格言的形

13 關於傳統中國政治思想中士人與社會秩序建立之關係的討論參見陳弱水，〈「內聖外王」觀念的原始糾結與儒家政治思想的根本疑難〉，《公共意識與中國文化》（台北：聯經出版公司，2005），頁311-351。

14 清・王柏心，《百柱堂全集》，卷30，〈樞言・續樞言〉，頁5a-20b。

式，表達地方文人的現世關懷。譬如他雖然對「風俗日趨於奢淫，靡所底止」的情況感到憂慮，不過，還是認為士人可以有所作為，他說：「盛衰之機，雖關氣運，而有心者必責諸人謀」，所以他強調：「性命之理，固極精微，而講學者必求其實用」，以及「治術必本儒術」。

為求挽救世風，以下兩方面士人從事的工作，別具意義，一是更加嚴謹的個人修身，另外則是編輯勸諫類書籍。清代中後期不少接受理學思想的士人開始實行一種強調日常生活更為節儉、對內心的省察更為嚴格的生活方式。[15] 譬如道光八年（一八二八）擔任提督湖北學政的賀熙齡（一七八八－一八四六），除了在掌教期間倡導「有體有用之學」，晚年回家鄉長沙後，更刻意布衣蔬食，與友人共訂〈八簋約〉，約定節制飲食，並根據明末洪應明的《菜根譚》一書，將書房取名為「菜根香」。[16] 在《圍爐夜話》中，王永彬對個人修養也表現出同樣的態度，他強調節欲的重要，認為「飲食男女，人之大欲存焉，然人欲既勝，天理或亡」，因此主張「守

15 如學者提到清代道、咸年間倭仁等士大夫以修身日記互相規過、省察。參見王汎森，〈近代中國私人領域的政治化〉，《中國近代思想與學術的系譜》（台北：聯經出版公司，2003），頁171-172。

16 賀熙齡，《賀熙齡集》（長沙：岳麓書社，2010），《寒香館文鈔》，卷一，〈八簋約〉，頁二；唐鑑，〈誥授朝議大夫掌四川道監察御史賀君墓誌銘〉，頁204；〈提督湖北學政賀蔗農先生崇祀鄉賢錄〉，頁209。

身必謹嚴，凡足以戕吾身者宜戒之；養心須淡泊，凡足以累吾心者勿為也」，而且這種修身的緊繃狀態沒有假期，也沒有期限，是一生的功課，他說：「檢身心於平日，不可無憂勤惕厲功夫」、「人面合眉眼鼻口，以成一字曰苦，知終身無安逸之時」。對自我修養、省察的重視，也影響他對前人思想的解讀，不同於晚明到清代大多數人對王陽明（一四七二—一五二九）的理解，他更讀出王陽明思想中對自身修養的緊張性，他說：「陽明取孟子良知之說，恐人徒事記誦，而必使之反己省心，所以救末流也」。我們並不能將清代中後期士人修身、節欲的主張，單純視為是在實踐理學理念，對他們來說，修身的最終目的不只是在完善自己，更重要的是以行為救濟言論之窮，同時以己為範來「救世」。

由於強調日常生活中的實行，因此怎麼指引人的行為，以及甚麼是這個時期最亟需而適切的行為指引等，成為必要思考的課題。清代中後期大量格言式、人物典範類書籍的刊印，多多少少反應了這樣的風氣。這類書籍大體包括以下幾類：一是先賢語錄或事跡的重新輯錄，如《人鑑》、《剿世要法》、《洗心篇》、《勸善詩集》等。此外，當時也出現許多以《先正格言》為名的名言錄，王永彬就曾輯印《先正格言集句》一書。第二類是仿照家訓形式書寫者，如《圍爐夜話》、《牧兒語》。第三類則是重刊宋代以來各種勸諫類書或學規，譬如《菜根譚》、《重刊朱子鹿洞遺規》等。

上述書籍的輯錄或刊印者大多功名不顯，主要活動於地方，但是對地方事務十分熱心，例如《洗心篇》的編者楊振聲，僅獲得同治丁卯科舉人的功名，不過長期在家鄉湖南善化主持救嬰社、惜字會；湖南祁陽縣生員徐鍾琅不僅刊佈《先正格言》勸世，更熱中於在鄉里中講解聖諭，教化百姓；[17]道光年間編輯《先正格言》的松江府生員姜皋長期擔任幕友，對於松江府的農田水利問題極為用心；[18]與王永彬相交甚篤的遠安縣生員周維翰曾任清谿教諭，他在道光末年撰寫《牧兒語》一書，力求以淺近的語言，傳達敦倫教家的道理，希望有助於世道人心。[19]以他與王永彬的熟稔，兩人先後撰寫勸世書籍，恐怕並非巧合。

宋代以來的理學家常有纂輯先賢語錄，錘鍊學問的習慣，譬如晚明關中學者馮從吾

17 兩人事跡參見清．曾國荃，《（光緒）湖南通志》（台北：華文書局，1967），卷176、186，〈人物〉，頁26a、40a。

18 清．姜皋等輯，《先正格言》（台北：漢學研究中心藏道光15年刊本），〈序〉，頁1a；清．楊開第修，《光緒重修華亭縣志》（上海：上海書店，2010），卷16，〈人物五〉，頁39b。

19 清．鄭燡林修，《同治遠安縣志》，收入《中國地方志集成．湖北府縣志輯》（南京：江蘇古籍出版社，2001），第50冊，卷4，〈老壽〉，頁7a；卷6，〈藝文〉，劉子垣，〈牧兒語序〉，頁18b-20a。

（一五五七—一六二七）輯〈先正格言〉體驗身心，之後學術造詣大進。[20] 不過，清代中後期地方文人編輯這類書冊則是另有考量，《人鑑》編者田畯菴的想法可為代表。對他來說，當時是「名教淩替，風俗薄惡」的世界，怎麼改變？他提出的辦法是：以孝弟、忠信、禮義廉恥的精神為「隄防」、為「藩籬」，而古人的言行就是最適切的楷模。[21] 隄防跟藩籬的說法很明確地表達出，藉由編書、刊書、宣講聖諭、重建地方書院等活動，他們希望將逐漸散亂的社會秩序重新整備起來，而他們心中的理想世界則是以古代經典所傳揚的倫理價值為主要骨幹。試看《圍爐夜話》中所描繪的處事方式，王永彬告誡讀者，應該「和平處事，勿矯俗以為高」，認為「人世險奇之事，決不可為，或為之而幸獲其利，特偶然耳」，因此「凡事謹守規模，必不大錯」。他推崇一種不外顯的人格特質：「樸實渾厚」、「謹慎」、「不妄為」，如顏淵；相對地，「氣性乖張」、「浮躁」、「聰明外散」之人則不可取。從上述刊印的各種書籍，可以感受到這批士人急切地尋求救世良方的熱烈心態，而也可以看到他們以回頭向過去找尋資源的方式來對抗社會變

20 清．鄒鳴鶴，《道南淵源錄》，收入《四庫未收書輯刊》（北京：北京圖書館，1997），9輯7冊，卷8，萬斯同，〈馮仲好先生傳〉，頁8b。

21 清．王柏心，《百柱堂全集》，卷33，〈人鑑序〉，頁1a-2b。

化，因此，他們嚮往一個倫理更加謹嚴，秩序更加牢固的社會。

二、書的生命史：《圍爐夜話》的再版

《圍爐夜話》於咸豐四年（一八五四）初刻刊印之後的流傳狀況，由於資料的缺乏不易做完整的描述。不過，該書極可能是以善書的形式流傳在清末民初的社會。民國三十六年（一九四七），青島港工程局長宋希尚無意間在青島海濱的湛山精舍發現該書，宋氏本着其父生平好刊印善書勸俗的習慣，出資翻印該書。[22]這是《圍爐夜話》現代版最早的出版紀錄。山東嶗山的湛山精舍由民國初年在北方弘揚佛法的倓虛法師（一八七五－一九六三）所建，用作居

22 清．王永彬，《圍爐夜話》，宋希尚，〈跋〉，頁33。

士的講道修行之所，宋希尚派任青島期間常與其妻前往該精舍聽法。[23]雖然《圍爐夜話》的各項條目主要體現的是儒家的價值觀念，但是在明清時期儒釋道三教合一的風潮下，原本為佛教或道教徒而做的勸善書，內容隨之擴大，忠孝觀念、陰騭思想、積善消惡、因果報應等想法都包括在內，而社會上大量存在的居士，更是推動善書刊印的主力之一，雖然王永彬書寫《圍爐夜話》時設想的對象是士人，但是該書的內容頗為符合應世勸善的精神，因此，被視為善書而加以翻印，並不令人意外。

根據筆者目前所見各種《圍爐夜話》的版本，也可以看到除了現代出版社以心靈小語或生活智慧叢書的形式翻印之外，這本書基本上是以兩種方式流傳，一種是上文所說的善書形式，由台灣地區各種佛、道教相關機構出版。譬如揚善雜誌社（一九七三年）、天真佛堂（一九八三年，隸屬於一貫道）、嘉義天官財神廟靈聖堂（一九九三年）、圓晟出版社（一九九四年，以出版一貫道書籍為主）、正一善書出版社（二〇〇〇年）、台中永天宮將軍會（二〇〇七年）等。

另一種方式則是宋希尚以刻印善書的模式翻印後，並贈與其工務局同事，以及同鄉友

23 宋希尚，〈記倓虛上人與我一段因緣〉，收入《倓虛大師追思錄》，網址：http://book.bfnn.org/books3/2161.htm。

人，尤其值得注意的是一九四九年宋氏遷來台灣之後的同鄉與同僚網絡。宋希尚祖籍浙江嵊縣，一九四九年之後，隨着國府遷台的嵊縣人組成台北嵊縣同鄉會，常有聚會，聯絡鄉誼。民國四十五年（一九五六），宋希尚再次重刊《圍爐夜話》的底本，就是得自同鄉友人邢契莘（一八八七－一九五七），而少年時跟宋氏共組勤業社的司法院副院長謝冠生（一八九七－一九七一）也出力頗多。[24]宋希尚在重印跋語中提到，由於當時正值「世界道德重整運動」推行之時，重印此書應對「現在世道人心」有所助益。[25]「世界道德重整運動」是二戰前由美國基督教路德會牧師法蘭克・卜克曼（Frank N. D. Buchman）所發起，希望喚起基督徒的社會關懷，藉由道德、精神的再武裝，消弭一切紛爭。一九五〇年代該運動推廣到全球，引進台灣時，正值反共抗俄的高峰期，道德重整運動成為當時官方推展精神武裝的管道之一。嚴格說來，《圍爐夜話》與道德重整運動雖然都重申道德的重要性，但是兩者的內涵並不相同。前者彰顯的是儒家價值觀，後者則基本上從基督教精神出發，不過，卻在時局的催迫下嫁接在一起。

24 清・王永彬，《圍爐夜話》，宋希尚，〈圍爐夜話重刊再跋〉，無頁數；謝冠生，〈重印圍爐夜話題辭〉，無頁數。

25 清・王永彬，《圍爐夜話》，宋希尚，〈圍爐夜話重刊再跋〉，無頁數。

一九六〇年代到一九七〇年代之間，隨着兩岸關係與外交局勢的緊張，國民政府推展一系列從文化、日常生活層次進行精神動員的運動，譬如一九六六年的中華文化復興運動（《圍爐夜話》在一九六九、一九七三、一九七四年重印）、一九七五年國民黨建黨八十週年、一九七七年由中央婦女工作會提出的齊家報國運動等，《圍爐夜話》也在這些時候數次獲得重印。以齊家報國運動時期為例，宋希尚即說：「邇來中央倡導之『齊家報國運動』，是以修身齊家為起點，以倫理教育為重心，以社會建設為基礎，以報效國家為目標，而王君宜山所著之圍爐夜話，於修齊之道，學養之方，多有闡明，不僅為齊家之箴言，亦報國之礎石也。」因此，他希望重印本書，「以為推行中華文化教育之助」。[26] 一九六〇年代開始的這幾波精神動員強調傳統中國文化在台灣的延續，從宋希尚的自述中，可以看出他對《圍爐夜話》的認知，書中的觀念已不僅僅在教人如何為人處世，更傳達出復興倫理道德與建立民族意識之間千絲萬縷的關係。

宋希尚重印《圍爐夜話》後，他在陽明山革命實踐研究院的同期同學原德汪（曾任總統府秘書）、金唯信（曾任財政部賦稅署長）等人則積極推介該書。一九七〇年代中央日報社長彭歌讀到原德汪寄贈的《圍爐夜話》後，開始在《中央日報》的「晨鐘」副刊中，分條逐日刊載

26 清．王永彬，《圍爐夜話》（台中：欣林出版社，1985），宋希尚，〈重刊圍爐夜話序〉，頁2-3。

該書的內容。[27]這也使得《圍爐夜話》在全書翻印的形式之外，多了另一種面對現代讀者的新方式。從《圍爐夜話》數次的翻印顯示出，雖然一九五〇年代之後幾波精神動員運動是由上而下推廣一種價值的活動，但是人們對這些運動卻可能有着各種不同的理解方式；而書籍雖然呈現的是著作者的思想，但在不同的時空環境中，刊印者、讀者其實也掌握某種主動性，賦予書籍不同於以往的意義，書籍即在這些轉變的時代成為不同時期人們的精神指引。

《圍爐夜話》是一本字數不多的小書，文字淺近、明白、容易理解是最大的特色。正因為這些特質，自清末以來它得以長期在社會上流傳。從書的內容、作者的時代及翻印者的想法等各方面觀察，可以看到圍繞着這本書的出版，有幾個不同層次的意義，作者王永彬希望用這本書提倡一種以儒家倫理觀念為指引，更儉樸、更嚴整的生活態度，以求挽救他所認為自清中葉以來，日漸鬆散的社會；書籍刊印後，本書以善書的型態，隱隱曖曖地延續自身的生命；到了

27 彭歌表示在《圍爐夜話》的重印史中，大多是以「印贈善書」、「褒揚善德」的態度出之，《中央日報》逐條刊出的方式，則在宣揚「平常人的哲學」。1981年《中央日報》進一步將該書條目彙整，以單冊形式出版。清．王永彬，《圍爐夜話》（台北：《中央日報》出版部，1981），彭歌，〈枕下應常置此書〉，頁7-9；原德汪，〈跋〉，頁246-247。

一九五〇年代之後，它則掛搭在一波波道德重整運動中，再度成為時人心目中可以砭俗醒世的指南。書籍值得被重印、重讀不一定在於它所傳達的價值理念與世界觀不可動搖，而在於與書籍相關的作者、翻印者與時代，提供不同時期的讀者思考自身跟環境關係的參考。因此，了解書的意義是第一步，下一步則是藉由反思，摸索個體與社會的互動模式，尋出當代的出路與價值。

《圍爐夜話》點評

引言

寒夜圍爐，田家婦子之樂也。顧篝燈坐對[1]，或默默然無一言，或嘻嘻然言非所宜言，皆無所謂樂，不將虛此良夜乎？余識字農人也，歲晚務閒，家人聚處，相與燒煨山芋，心有所得，輒述諸口，命兒輩繕寫存之，題曰《圍爐夜話》。但其中皆隨得隨錄，語無倫次且意淺辭蕪[2]，多非信心之論，特以課家人消永夜耳，不足為外人道也。倘蒙有道君子惠而正之，則幸甚。

咸豐甲寅二月既望王永彬書於橋西館之一經堂[3]

注釋

1 篝燈：外罩有竹籠的燈火。

2 蕪：雜亂。

3 咸豐甲寅：咸豐四年，一八五四年。既望：陰曆每月十五為望，古時稱「既望」之時間則較長，指十五到二十二、二十三日之時段。王國維《觀堂集林·生霸死霸考》：「既望，謂十五、六日以後至二十二、三日」。

賞析與點評

本書以格言形式寫成，作者設定了一個寒夜圍爐，以家訓訓勉子弟的場景。為了能讓讀者深切地感受到倫理、道德與日常生活息息相關，作者特意以簡短的格言，淺白、易懂的文字，傳達為人處事的道理。傳統中國的社會中，家庭與家族的場域是形塑人格、傳揚社會規範的重要場所。而在現代快速變遷的社會中，家庭的功能面臨極大的轉變，本書作者設定的對話對象與言論的內涵，可以刺激身處現代的人們重新思考，家庭是甚麼？家庭與培養現代公民之間的關係又是如何？現代公民所必須具備的素養是甚麼？

本文

教子弟於幼時，便當有正大光明氣象[1]；檢身心於平日，不可無憂勤惕厲功夫[2]。

與朋友交遊，須將他好處留心學來，方能受益；對聖賢言語，必要我平時照樣行去，才算讀書。

注釋

1 氣象：指人的舉止、氣度。朱熹在〈答呂伯恭書〉中形容聖賢的氣度是：「大抵聖賢之心，正大光明，洞然四達。」

2 惕厲：君子的修身自省因心存恐懼危難而警惕。語出《易・乾》：「君子終日乾乾，夕惕若厲，無咎。」

賞析與點評

宋明理學注重從幼時開始培養人的心志，一步一步朝向聖賢的標準邁進。因此，立志、修身、與人交遊、讀書、學習聖賢的言行等都是磨勵自己的功夫。作者在這兩段話中提到模仿學習跟自我反思的重要，也就是透過自己與他人、內省與外塑，共同錘煉理想的人格。不同的時代所期望達成的人格典型並不完全相同，傳統儒家士人認為成為聖賢並不容易，需要時時戰戰兢兢地面對自己與他人。現代社會對公民的要求不一定是成為完美無缺的聖賢，但是培養「臨事而懼」的謹慎態度，理解與包納多元差異的精神，無疑是公民教養的重要內涵。

3 貧無可奈惟求儉，拙亦何妨只要勤。

4 穩當話，卻是平常話，所以聽穩當話者不多；本分人，即是快活人，無奈做本分人者甚少。

5 處事要代人作想，讀書須切己用功。

賞析與點評

本段話着重的是，人必須認知自己的本分，並且盡最大的可能厚實自己，而不浮誇。在作者身處的時空背景中，為了矯正逐漸失序的社會狀況，他訓勉子弟培養不虛矯、內向的人格特質。而現代公民面對的事務與世界較之以往更為複雜，人們有機會掌握更多的資訊，也有更多的管道表達對各種公共事務的看法。因此，如何增加個人的知識基礎，理性論辯各項議題，是十分迫切的功課。

6

一「信」字是立身之本，所以人不可無也；一「恕」字是接物之要[1]，所以終身可行也。

注釋

1 恕：推己及人之道。語出《論語・衛靈公》篇，子貢問：「有一言而可以終身行之者乎？」孔子說：「其恕乎！己所不欲，勿施於人。」接物：交接人物，與人交際。

賞析與點評

本段話的重點在於與人交際的原則。將一個一個單獨的個人聚集起來並不一定能成為有機整合的社會，還需要有一些連結的原則作為黏着劑，「信」、「恕」就發揮這樣的功能。除了待人誠懇、守信義，更要有同理心。而在現代社會，尊重多元差異的存在，更是「恕」的具體表現。

人皆欲會說話，蘇秦乃因會說話而殺身[1]**；人皆欲多積財，石崇乃因多積財而喪命**[2]**。**

注釋

1 蘇秦（？—公元前三一七）：東周雒陽（今河南洛陽）人，以縱橫之術遊說諸侯。初為燕昭王親信，在齊湣王末年任齊相，並與趙奉陽君李兌共同約燕、齊、韓、趙、魏五國合縱攻秦。數年後燕將樂毅大舉攻齊，其反間活動暴露，被車裂而死。《漢書・藝文志》著錄有《蘇子》三十一篇，今佚。

2 石崇（二九四—三〇〇）：字季倫，小名齊奴，渤海南皮（今河北南皮縣）人。曾任修武縣令、散騎侍郎、城陽太守。因參與晉滅吳之戰封侯，並一路升遷至散騎常侍、侍中。曾與陸機等人組文學社團——「金谷二十四友」。石崇在荊州刺史任內因搶劫路過商旅而致富。八王之亂期間，石崇被殺。

8 教小兒宜嚴，嚴氣足以平躁氣；待小人宜敬，敬心可以化邪心。

9 善謀生者，但令長幼內外勤修恆業[1]，而不必富其家；善處事者，但就是非可否審定章程[2]，而不必利於己。

10 名利之不宜得者竟得之，福終為禍；困窮之最難耐者能耐之，苦定回甘。生資之高在忠信[3]，非關機巧[4]；學業之美在德行，不僅文章。

注釋

1 恆業：家庭的固定產業。

2 章程：辦事規則。

3 生資：天分、資質。

4 機巧：機謀詭詐。

賞析與點評

作者認為敦厚、守本分的人格特質，才得以處世、保家，而這樣的特質必須從小培養。因此教育子弟去除浮躁之氣、謹守規則、不求不當之利，以及用心於能持之長久的職業，是極為重要的工作。

十一

風俗日趨於奢淫，靡所底止[1]，安得有敦古樸之君子，力挽江河；人心日喪其廉恥，漸至消亡，安得有講名節之大人[2]，光爭日月。

注釋

1 靡所底止：靡，無、不的意思。全句指無法停止。

2 名節：名譽、節操。大人：德行高尚的人。

賞析與點評

作者在本段中顯現出對風俗日漸奢侈，人心日益敗壞的憂慮，但是他並不認為這種狀況無法改變。他主張挽救世道的關鍵在於有德的士人是否能擔負起責任，而他也期望透過宣導，激起士人濟世的意志。這段話涉及知識份子與社會的關係，在作者身處的清代中期，不少士人投身考據學，學問跟現世的關係愈來愈遠，這是作者極為憂慮的。而在教育普及的現代社會，每個人都可以擁有參與公共事務的基本知識與機會，不僅知識份子的角色有重大的變化，一般人跟社會整體的關係也與先前的時代不同。現代公民的教養是甚麼？個人與社會整體的關係又是甚麼？是我們閱讀這段話時可以進一步思索的問題。

12

人心統耳目官骸[1]，而於百體為君[2]，必隨處見神明之宰[3]；人面合眉眼鼻口，以成一字曰苦（兩眉為草，眼橫鼻直而下承口，乃苦字也），知終身無安逸之時。

注釋

1 官骸（粵：孩；普：hái）：身軀。

2 百體：身體的各部位。「於百體為君」指心在身體各部位中居於重要的位置。

3 宰：主宰。

賞析與點評

這段話最關鍵的部分是強調人心在人的意識與行為中的主導作用。因為人心是人一切作為的主宰，因此，必須時時保持警醒的狀態，絲毫不能鬆懈。

13

伍子胥報父兄之仇而郢都滅[1]，申包胥救君上之難而楚國存[2]，可知人心之恃

也[3]；秦始皇滅東周之歲而劉季生[4]，梁武帝滅南齊之年而侯景降[5]，可知天道好還也[6]。

注釋

1 伍子胥（?—前四八四）：名員，春秋時代楚國人。伍子胥的父兄被楚平王所殺，子胥輾轉逃到吳國，得到吳王闔閭重用，吳王派遣孫武率兵攻入楚國都城郢都，伍子胥掘楚平王墳墓，鞭屍三百，報父兄之仇。

2 申包胥：春秋時楚國大夫，與伍子胥友好。伍子胥奔吳時曾對申包胥表示：「我必覆楚！」申包胥答以：「子能覆之，我必能興之！」之後，伍子胥攻楚，申包胥向秦國求救，在城外痛哭七天七夜，秦哀公感動而出兵救楚，擊敗吳軍。

3 恃：憑藉、依恃。

4 劉季：即漢高祖劉邦，因為在兄弟中排行第四，因此被稱劉季。

5 侯景（五〇三—五五二）：北魏懷朔鎮鮮卑化羯人，初時投靠東魏丞相高歡。梁武帝時率部投降梁朝，駐守壽陽，之後，侯景叛亂起兵，進攻南梁，史稱「侯景之亂」。之後，揚州刺史陳霸先起兵，侯景軍隊潰散，侯景被殺。

6 天道好還：因果循環，報應不爽。

14

有才必韜藏[1]，如渾金璞玉[2]，暗然而日章也[3]；為學無間斷，如流水行雲，日進而不已也。

注釋

1 韜（粵：滔；普：tāo）藏：隱藏。

2 渾金璞玉：比喻人品純真質樸。

3 暗然：陰暗的樣子。章：顯揚。

賞析與點評

作者將培養樸實而內斂的人格跟持續不斷地努力充實學問並列，認為厚植自己的實力，不急於表現，終有獲致成果，得到賞識的機會。

15

積善之家，必有餘慶[1]；積不善之家，必有餘殃[2]。可知積善以遺子孫，其謀甚遠也；賢而多財，則損其志；愚昧而多財，則益其過。可知積財以遺子孫，其害無窮也。

16

每見待弟子嚴厲者易至成德[3]，姑息者多有敗行，則父兄之教育所係也。又見有弟子聰穎者忽入下流[4]，庸愚者較為上達[5]，則父兄之培植所關也。人品之不高，總為一「利」字看不破；學業之不進，總為一「懶」字丟不開。德足以感人，而以有德當大權[6]，其感尤速；財足以累己，而以有財處亂世，其累尤深。

注釋

1 餘慶：餘留的德澤。

2 餘殃：遺留的災禍。

3 成德：成就德行。《易經・乾卦》：「君子以成德為行。」

4 下流：卑微的地位。

5 上達：上進，向上發展。

6 大權：支配的力量，引申為高級官職。

賞析與點評

本段的重點在於父兄的行為、態度與教育子弟之間的關連。以好的行為來引導，以及適時、謹嚴而不縱容的要求，才能對子弟有積極正面的影響。

17

讀書無論資性高低，但能勤學好問，凡事思一個所以然，自有義理貫通之日；立身不嫌家世貧賤，但能忠厚老成，所行無一毫苟且處，便為鄉黨仰望之人[1]。

18

孔子何以惡鄉願[2]，只為他似忠似廉，無非假面孔；孔子何以棄鄙夫[3]，只因他患得患失，儘是俗人心腸。

注釋

1 鄉黨：鄉里、族黨。
2 鄉願：外貌忠厚老實，討人喜歡，實際上卻不能明辨是非的人。
3 鄙夫：見識淺薄的人。

賞析與點評

作者認為能帶給社會正面力量的是人格勤謹、坦率不做作的人，而這種特質並非不可企及，只要不懈怠地努力，培養自己明辨是非的能力，就有可能讓自己成為改變社會的力量。

19 打算精明，自謂得計[1]，然敗祖父之家聲者，必此人也；樸實渾厚，初無甚奇，然培子孫之元氣者，必此人也。

20 心能辨是非，處事方能決斷；人不忘廉恥，立身自不卑污。

21 忠有愚忠，孝有愚孝，可知「忠孝」二字，不是伶俐人做得來；仁有假仁，義有假義，可知仁義兩行[2]，不無奸惡人藏其內。

22 權勢之徒，雖至親亦作威福，豈知煙雲過眼，已立見其消亡；奸邪之輩，即平地亦起風波，豈知神鬼有靈，不肯聽其顛倒。

23 自家富貴，不着意裏[3]；人家富貴，不着眼裏[4]。此是何等胸襟！古人忠孝，不離心頭；今人忠孝，不離口頭。此是何等志量！

注釋

1 得計：計謀獲得實現。

2 兩行：兩種做法。

3 不着意裏：不放在心上，不特意突顯。

4 不着眼裏：不特別在意或嫉妒。

賞析與點評

作者認為在心中立定善惡是非的標準，是非常重要的。以這個規則為判準，決定自己對家庭、他人、社會、國家所抱持的態度，才不至於被黑白顛倒、似是而非的說法所迷惑，而能做出正確的判斷與行動。進一步衍伸，判準的建立與知識、資訊的掌握關係密切，充分理解各種相關訊息，分析利弊得失，是個人行動前的重要工作。

24 **王者不令人放生[1]，而無故卻不殺生，則物命可惜也；聖人不責人無過，惟多方誘之改過，庶人心可回也。**

25 **大丈夫處事，論是非，不論禍福；士君子立言[2]，貴平正，尤貴精詳。**

26 **求科名之心者[3]，未必有琴書之樂；講性命之學者[4]，不可無經濟之才[5]。**

注釋

1 放生：釋放已捉獲的動物。明清時期將放生視為一種重要的善舉，並認為可因此獲得善報。

2 立言：儒家對士人的期待，包括立德、立功、立言，稱為「三不朽」。立言指著書立說。

3 科名：科舉功名。

4 性命之學：追求生命本原與道理的學問。宋代之後主要用以指稱理學。

5 經濟：經國濟民的學問。

賞析與點評

這幾段文字強調士人關心社會的重要性。唯有有志者願意承擔社會責任，才可能創造理想的美好時代。在大眾參與的現代社會，知識份子的重要性看似不如以往，轉而取代的是公民。這段文字也提醒我們，培養關切現世事務的態度是求取知識的重要目的之一。

27 潑婦之啼哭怒罵，伎倆要亦無多；惟靜而鎮之，則自止矣。讒人之簸弄挑唆[1]，情形雖若甚迫；苟淡然置之，是自消矣。

注釋

1 簸弄挑唆：造謠生事，顛倒是非。

28 肯救人坑坎中[1]，便是活菩薩；能脫身牢籠外，便是大英雄。

29 氣性乖張[2]，多是夭亡之子[3]；語言深刻[4]，終為薄福之人。

30 志不可不高，志不高，則同流合污，無足有為矣；心不可太大，心太大，則捨近圖遠，難期有成矣。

31 貧賤非辱，貧賤而諂求於人為辱[5]；富貴非榮，富貴而利濟於世為榮[6]。講大經綸[7]，只是實實落落；有真學問，決不怪怪奇奇。

注釋

1 坑坎：高地不平的道路。比喻不順遂的境遇。

2 氣性乖張：性情執拗，不講情理。

3 夭亡：短命。

4 語言深刻：說話嚴峻刻薄。

5 諂：奉承、巴結。

6 利濟：救濟。

7 經綸：原指整理絲縷，引申為謀劃與社會、政治相關的大事。

賞析與點評

作者勉勵人要有做大事的胸懷和志氣。想做大事必須超出固有的格局，不過卻不能太過執拗，而要能實實在在考慮現實的環境與問題，才有可能成功。在各種文化頻繁交流的現代世界，拔高觀察問題的視野更顯得迫切。視野的培養端賴廣博的知識與開放的胸襟，唯有如此，才能不被一己之私所侷限，而得以真正改善社會。

32 古人比父子為橋梓[1]，比兄弟為花萼[2]，比朋友為芝蘭[3]，敦倫者，當即物窮理也[4]；今人稱諸生曰秀才[5]，稱貢生曰明經[6]，稱舉人曰孝廉[7]，為士者，當顧名思義也。

33 父兄有善行，子弟學之或不肖[8]；父兄有惡行，子弟學之則無不肖；可知父兄教子弟，必正其身以率[9]之，無庸徒事言詞也[10]。君子有過行，小人嫉之不能容；君子無過行，小人嫉之亦不能容；可知君子處小人，必平其氣以待之，不可稍形激切也。

注釋

1 橋梓（粵：子；普：zǐ）：也做「喬梓」。枝幹高大而有主幹的樹木為「喬木」；枝幹較為矮小的落葉喬木為「梓木」。橋梓，比喻父子關係。

2 花萼：花中的萼片與花瓣連結一體，比喻兄弟友愛。

3 芝蘭：芝、蘭為兩種香草。比喻友情的美好。

4 即物窮理：程朱理學的概念之一。「理」在物之先，事事物物都是「理」的表現，因此，應該依據具體的事物來探究其道理。

5 **諸生**：明清時期，通過考試取得進入地方學校資格者，稱為「生員」。生員包括增生、廩生、例生等名目，統稱「諸生」。**秀才**：漢代行察舉制度，各州推舉的人才稱「秀才」；宋代普行科舉制度時，則用來稱呼通過各地方府試者；明清時期，則專指地方學校生員。

6 **貢生**：明清時期，選取地方學校成績優異者，進入京師的國子監讀書，稱為「貢生」。隋煬帝行科舉考試時，設明經、進士兩科；唐代的明經科主要考經義，進士科則考詩賦；宋代廢明經科，進士科也考經義；明清時期，明經成為貢生的專稱。

7 **舉人**：明清時期稱通過鄉試（省的考試）者為「舉人」。**孝廉**：原為漢代行察舉制度時的科目，即孝子、廉能之士；明清時期俗稱舉人為「孝廉」。

8 **肖**：相似。

9 **率**：帶領，作為表率。

10 **無庸**：不需要。

賞析與點評

這幾段話以同心圓式向外擴張的說法，提示與個人密切相關的幾種人際關係，如父子、兄弟、朋友等。同時，也指出孝順、友愛、廉潔等倫理價值是社會運作的基本原理。作者期許有志者應該時時以上述的價值為行事依據，進一步帶動社會風氣。同時，文中父兄／子弟、君子／小人的對舉，也強調家族關係之外的社會關係，同樣是個人必須時時留心的所在。

34 守身不敢妄為，恐貽羞於父母[1]；創業還需深慮，恐貽害於子孫。

35 無論做何等人，總不可有勢利氣；無論習何等業，總不可有粗浮心。

36 知道自家是何等身份[2]，則不敢虛驕矣；想到他日是那樣下場，則可以發憤矣。

注釋

1 貽：遺留。

2 身份：原指人在社會上或法律上的地位、資格，此處指自身的能力。

37

常人突遭禍患，可決其再興，心動於警勵也；大家漸及消亡[1]，難期其復振，勢成於因循也[2]。

注釋

1 大家：世家望族。

2 因循：遵循舊習而無所改動。

38 天地無窮期[1]，生命則有窮期，去一日便少一日；富貴有定數[2]，學問則無定數，求一分便得一分。

39 處事有何定憑？但求此心過得去；立業無論大小，總要此身做得來。

40 氣性不和平，則文章事功俱無足取[3]；語言多矯飾，則人品心術盡屬可疑。

41 誤用聰明，何若一生守拙；濫交朋友，不如終日讀書。

42 看書須放開眼孔，做人要立定腳根。

43 嚴近乎矜[4]，然嚴是正氣，矜是乖氣[5]；故持身貴嚴，而不可矜；謙似乎諂，然謙是虛心，諂是媚心；故處世貴謙，而不可諂。

注釋

1 窮期：盡期，完結的時候。

2 定數：傳統中國的命定觀認為命運為天所定，很難改易。

3 事功：事業和功績。

4 嚴近乎矜：嚴，肅穆、莊重。矜，拘謹。

5 乖氣：邪惡、不祥之氣。

賞析與點評

作者推崇敦謹、踏實的人格。譬如他認為在清楚認識自己能力的前提下，人應該一方面努力多方求取學問，開拓眼界；另一方面則要保持平和、不乖張、不浮躁的個性，不因自身的優越條件而過份驕傲或過份謙虛。

44

財不患其不得，患財得而不能善用其財；祿不患其不來[1]，患祿來而不能無愧其祿。

45

交朋友增體面，不如交朋友益身心；教子弟求顯榮，不如教子弟立品行。

注釋

1 祿：古代官吏的俸給，此處指官位。

賞析與點評

作者並不否定人有求取財富利祿的慾望，但是他認為必須要行事無愧於良心。在變動快速，舊的價值不斷面對挑戰的時代，是否繼續堅持舊有的秩序理念才是抵抗變動的最佳良方？這段話提醒我們，承認人性的慾望與社會的變化，輔以明辨是非的原則，或許更能將利己的慾望，轉為利他的動力。

46 君子存心[1]，但憑忠信，而婦孺皆敬之如神，所以君子落得為君子；小人處世，盡設機關[2]，而鄉黨皆避之若鬼，所以小人枉做了小人。

47 求個良心管我，留些餘地處人。

48 一言足以召大禍，故古人守口如瓶，惟恐其覆墜也[3]；一行足以玷終身，故古人飭躬若璧[4]，惟恐有瑕疵也。

注釋

1 存心：心懷某種意念。

2 機關：計謀、陷阱。

3 覆墜：傾覆、墜落。

4 飭（粵：斥；普：chì）躬若璧：飭，整頓、治理。躬，自身。璧，美玉。古人十分注意自己的言行是否有瑕疵，盡力保持自身毫無污點。

賞析與點評

作者強調人心中有個良心作主宰，必須時時檢點自己的行為，讓它沒有瑕疵、污點。

49 顏子之不較[1]，孟子之自反[2]，是賢人處橫逆之方[3]；子貢之無諂[4]，原思之坐弦[5]，是賢人守貧窮之法。

50 觀朱霞[6]，悟其明麗；觀白雲，悟其卷舒[7]；觀山嶽，悟其靈奇；觀河海，悟其浩瀚，則俯仰間皆文章也。對綠竹，得其虛心；對黃華[8]，得其晚節；對松柏，得其本性；對芝蘭，得其幽芳，則遊覽處皆師友也。

注釋

1 顏子之不較：「不較」又做「不校」，指被觸犯也不計較。語出《論語・泰伯》：「以能問與不能，以多問於寡；有若無，實若虛，犯而不校。」形容顏淵謙虛、寬厚的心懷。

2 孟子之自反：自反，自我反省。語出《孟子・離婁下》：「有人於此，其待我以橫逆，則君子必自反也。」

3 橫逆：橫暴不講理的行為。

4 子貢之無諂：語出《論語・學而》，子貢說：「貧而無諂，富而無驕，何如？」孔子說：「可也，未若貧而樂，富而好禮者也。」孔子認為在貧窮時仍應該要樂道，在富貴時更要恭敬待人，才能成器。

5 原思之坐弦：原思，即子思。子思即使身居貧窮的境地，仍然能安座彈琴，自得其樂。

6 朱霞：紅色的彩霞。

7 卷舒：收捲開張。

8 黄華：指菊花。

賞析與點評

人如果能有自省的能力、寬厚的心胸，不僅能摸索出化解困境的方法，在任何環境中也都能自得其樂，對於人生的真理也可以有所領悟。此外，假使能以正面的態度看到事事物物的優點與可取之處，那麼無事不可為師，無處不可為家。

‖51

行善濟人，人遂得以安全，即在我亦為快意[1]；逞奸謀事，事難必其穩便，可惜他徒自壞心。

注釋

1 快意：稱心、如意。

‖52

不鏡於水[1]，而鏡於人，則吉凶可鑑也；不蹶於山[2]，而蹶於垤[3]，則細微宜防也。

注釋

1 鏡：省察、誡鑑。

2 蹶：跌倒、顛撲。

3 垤：小土堆。

賞析與點評

本段話的重點在於人必須時時以人為鏡，省察自身；同時做事更應該細緻、謹慎，不忽略任何的小細節。

53

凡事謹守規模[1]，必不大錯；一生但足衣食，便稱小康。

注釋

1 規模：格局、規則。

54 十分不耐煩，乃為人之大病；一味學吃虧，是處事之良方。

55 習讀書之業，便當知讀書之樂；存為善之心，不必邀為善之名。

56 知往日所行之非，則學日進矣；見世人可取者多，則德日進矣。

57 敬他人，即是敬自己；靠自己，勝於靠他人。

58 見人善行，多方贊成；見人過舉[1]，多方提醒，此長者待人之道也。聞人譽言，加意奮勉；聞人謗語[2]，加意警惕，此君子修己之功也。

59 奢侈足以敗家，慳吝亦足以敗家[3]。奢侈之敗家，猶出常情；而慳吝之敗家，必遭奇禍。庸愚足以覆事，精明亦足以覆事。庸愚之覆事，猶為小咎[4]；而精明之覆事，必是大凶。

注釋

1 過舉：錯誤的行為。

2 謗語：毀謗的言語。

3 慳吝：吝嗇。

4 小咎：小的過失。

種田人，改習廛市生涯[1]，定為敗路；讀書人，干與衙門詞訟[2]，便入下流。

注釋

1 廛（粵：纏；普：chán）市：廛，店鋪。此處指進行商業買賣。

2 干與：干涉、過問。

賞析與點評

傳統中國以農為本業，商為末業。王永彬的時代商業其實十分發達，不過部分士人顯然覺得商業與訴訟是破壞社會風氣的元兇，因此，希望將人們重新拉回以農業為主的生活型態。王氏的觀點有其特殊的時代背景，在現代社會中，重新塑造商業社會的道德，反而是此一時期更重要的工作。

61 常思某人境界不及我，某人命運不及我，則可以自足矣；常思某人德業勝於我，某人學問勝於我，則可以自慚矣。

62 讀《論語》公子荊一章[1]，富者可以為法；讀《論語》齊景公一章[2]，貧者可以自興。捨不得錢，不能為義士；捨不得命，不能為忠臣。

63 富貴易生禍端，必忠厚謙恭，才無大患；衣祿原有定數，必節儉簡省，乃可久延。

注釋

1 《論語》公子荊一章：語出《論語．子路》，「子謂衛公子荊善居室。始有，曰：『苟合矣』。少有，曰：『苟完矣』。富有，曰：『苟美矣』。」孔子稱公子荊善於治家，而不奢侈。

2 《論語》齊景公一章：語出《論語．季氏》，「齊景公有馬千駟，死之日，民無德而稱焉；伯夷、叔齊餓於首陽之下，民到於今稱之。」亦即受人尊敬的關鍵不在於擁有多少財富或權力，而是品行與氣節。

賞析與點評

作者再次強調勤儉與善處困窮而不失志的重要。此外，這段話中還有一些有趣的論題，其中，財富、功名、個人、社會這四者的關係，尤其值得注意。就個人而言，過度的奢侈、追求富貴，往往可能導致身家破產；但是，就整體國家社會而言，是否也是如此？這是我們可以進一步思考的問題，在現代的商業社會中，財富與道德、財富與眾人利益之間的關係該是如何？

64

作善降祥，不善降殃[1]，可見塵世之間已分天堂地獄；人同此心，心同此理，可見庸愚之輩不隔聖域賢關[2]。

注釋

1 殃：災禍。

2 聖域：聖人的境界。賢關：達到有品德賢人的境地。

賞析與點評

這段話提示出即知即行，立即行善的重要性；也強調就算是日常生活的庸言庸行，也能助人達到聖賢的境界。

和平處事，勿矯俗以為高[1]；正直居心，勿設機以為智[2]。

君子以名教為樂[3]，豈如嵇阮之逾閑[4]；聖人以悲憫為心，不取沮溺之忘世[5]。

注釋

1 矯俗：故意立異違俗。

2 設機：設定計謀。

3 名教：以儒家所定的名分與倫常道德為準則的禮法。

4 嵇阮之逾閑：嵇阮指三國時的嵇康、阮籍，兩人列名「竹林七賢」之中。嵇康（二二三—二六三）崇尚老莊之學，嚮往出世的生活，不願為官。阮籍（二一〇—二六三）早年信奉儒家思想，後來有感於政治的現實與險惡，轉向消極的避世態度，同時也漠視一切禮法。

5 沮溺之忘世：沮溺為春秋時的兩個隱士——長沮、桀溺，孔子與子路曾向兩人問路。他們主張避世，與孔門積極經世的想法不同。

賞析與點評

面對紛亂的時局，作者主張應該發揮儒者的使命感，積極救世，而不逃避。相較於作者的時代，強調少數有志士人必須擔負起改革社會的責任，現代社會的多元發展與價值觀，提醒我們思考的是，誰應該擔負起完善社會的責任？如何培養作為一個社會人的基本素養？面對公共事務的態度與做法又該是甚麼？

‖67 **縱子孫偷安，其後必至耽酒色而敗門庭；教子孫謀利，其後必至爭貲財而傷骨肉。**

‖68 **謹守父兄教誨，沉實謙恭，便是醇潛子弟[1]；不改祖宗成法，忠厚勤儉，定為悠久人家。**

注釋

1 醇潛：醇厚而沉潛。

69 蓮朝開而暮合，至不能合，則將落矣，富貴而無收斂意者[1]，尚其鑑之。草春榮而冬枯，至於極枯，則又生矣，困窮而有振興志者，亦如是也。

70 伐字從戈，矜字從矛，自伐自矜者[2]，可為大戒；仁字從人，義字從我，講仁講義者，不必遠求。

注釋

1 收斂：檢點行為，不再放縱。

2 自伐自矜：自我誇耀，自我驕傲。

71 家縱貧寒，也須留讀書種子；人雖富貴，不可忘稼穡艱辛[1]。

72 儉可養廉，覺茅舍竹籬[2]，自饒清趣；靜能生悟，即鳥啼花落，都是化機[3]。一生快活皆庸福[4]，萬種艱辛出偉人。

濟世雖乏資財[5]，而存心方便，即稱長者；生資雖少智慧，而慮事精詳，即是能人。

注釋

1 稼穡：播種與收穀，為農事的總稱。

2 茅舍竹籬：茅草蓋的房子，竹子圍的籬笆，比喻簡樸的鄉居生活環境。

3 化機：變化的生機。

4 庸福：平凡的幸福。

5 濟世：濟助世人。

賞析與點評

這幾段話中值得注意的是作者強調環境對人的影響。富貴不一定能助人功成名就，但是能從艱困的環境中走出自身道路的人，終能苦盡甘來。

一室閒居，必常懷振卓心[1]，才有生氣；同人聚處，須多說切直話[2]，方見古風。觀周公之不驕不吝[3]，有才何可自矜；觀顏子之若無若虛[4]，為學豈容自足。門戶之衰，總由於子孫之驕惰；風俗之壞，多起於富貴之奢淫。

注釋

1 振卓：奮發向上。

2 切直：懇切正直。

3 不驕不吝：不驕傲，不吝嗇。

4 顏子之若無若虛：顏淵有真才實學，卻不愛在人前賣弄。

賞析與點評

在這段話中，作者再次強調立志向上與踏實地培養真才實學，才能在多變的時代中立於不敗之地。

孝子忠臣，是天地正氣所鍾[1]，鬼神亦為之呵護；聖經賢傳[2]，乃古今命脈所繫，人物悉賴以栽成[3]。

注釋

1 鍾：集中、匯集。

2 聖經賢傳：聖人所著的經典以及賢人為經典所發揮闡述的注解。此處主要指儒家經典。

3 栽成：成就、栽培。

賞析與點評

過往人物的言行所能達成的引領、誡鑑作用，一直是傳統中國士人最注重的部分。儒家經典中所傳揚的價值，大多不是抽象的理念，而是與政治、社會密切相關的道理。因此，親近經典、閱讀人物傳記的目的，不只是在於獲取知識，更重要的是藉此思索自身與所處社會的關係。經典有其產生的時代背景，書中的概念也可能有時代的限制，所以閱讀經典的人如何主動與經典的作者、思想對話，從中找出新的意義，才是閱讀經典最大的目的與價值。

77 飽暖人所共羨。然使享一生飽暖，而氣昏志惰[1]，豈足有為？飢寒人所不甘。然必帶幾分飢寒，則神緊骨堅[2]，乃能任事。

78 愁煩中具瀟灑襟懷[3]，滿抱皆春風和氣；暗昧處見光明世界，此心即白日青天。

79 勢利人裝腔作調，都只在體面上鋪張，可知其百為皆假；虛浮人指東畫西，全不問身心內打算，定卜其一事無成[4]。

80 不忮不求[5]，可想見光明境界；勿忘勿助[6]，是形容涵養功夫。

注釋

1 氣昏志惰：意志消沉、懈怠。

2 神緊骨堅：精神、意志警醒、惕勵。

3 襟懷：胸襟。

4 卜：預料。

5 不忮不求：不嫉妒、不貪得。

6 勿忘勿助：修養道德時必須時時唸着日漸凝聚的知識與義理，但是卻不能過於急切，揠苗助長。

賞析與點評

作者提醒世人，無論在何種環境中，都要時時保持警醒的狀態，才能砥礪自己成大器。但是在這個過程中，卻不能過於患得患失，或是操之過急，以平常心處之，才能發揮最大的力量。

數雖有定[1]，而君子但求其理[2]，理既得，數亦難違；變固宜防，而君子但守其常[3]，常無失，變亦能禦。

注釋

1 數：氣運、命運。

2 理：原理、道理。

3 常：經久不變的道理。

賞析與點評

從這段話可以看出作者崇尚理學的立場，他認為只要遵循正確的道理而行，就能在多變的環境中，找到基本的行事準則，而所謂命定的觀念，也可以有所改變。相對於此，現代社會特質之一在於複雜多元的主體，單一的標準或行事原則並不完全適用於各地社會，因此在面對各地不同的公共議題時，如何考量地方異質的傳統與難題，思考出解決的方法，才是更加重要的過程。

82 和為祥氣，驕為衰氣，相人者不難以一望而知[1]；善是吉星，惡是凶星，推命者豈必因五行而定[2]？

83 人生不可安閒，有恆業，才足收放心；日用必須簡省，杜奢端，即以昭儉德[3]。

84 成大事功，全仗着秤心斗膽[4]；有真氣節，才算得鐵面銅頭[5]。

85 但責己，不責人，此遠怨之道也；但信己，不信人，此取敗之由也。

注釋

1 相人者：觀察人的體貌、面相，以推測命運的人。

2 推命者：以各種方式幫人推算命運的人。五行：金、木、水、火、土。中國古代認為宇宙萬物是由上述五種要素的運行跟變化所構成。與之相關的理論也廣泛運用在中醫、占卜、哲學上。

3 昭：彰明、顯揚。

4 秤心斗膽：秤心，指心無偏私，公平如秤。斗膽，指膽大而有勇氣。

5 鐵面銅頭：鐵面，指剛直無私的人。銅頭，形容勇猛強悍的人。

86 無執滯心[1]，才是通方士[2]；有做作氣[3]，便非本色人[4]。

87 耳目口鼻，皆無知識之輩，全靠者心作主人；身體髮膚，總有毀壞之時，要留個名稱後世。

注釋

1 執滯：固執、拘泥。

2 通方士：懂得變通、靈活之人。

3 做作氣：作態、造作的習氣。

4 本色：原來的面貌、特色。

賞析與點評

作者突出「心」（意志）的主宰作用，同時提醒世人不能過度偏執，行事作為必須保持靈活權變的態度。

88 有生資，不加學力，氣質究難化也；慎大德，不矜細行[1]，形跡終可疑也[2]。

89 世風之狡詐多端，到底忠厚人顛撲不破[3]；末俗以繁華相尚，終覺冷淡處趣味彌長[4]。

90 能結交直道朋友[5]，其人必有令名[6]；肯親近耆德老成[7]，其家必多善事。

注釋

1 不矜細行：不注意生活小節。

2 形跡：表露於外的動作、舉止。

3 顛撲不破：道理真確，不能改易。

4 彌長：更長。

5 直道：正直、重道義。

6 令名：美好的聲譽。

7 耆德老成：年高德劭，而練達世事之人。

賞析與點評

能力雖然是天生的，但是後天的培養與努力卻能讓天賦的資質經過磨練，而更見光輝。在這個過程中，正直的友人、有智慧的長者，都能發揮極大的引領作用，使人藉着「師友夾持」，增進學識，擴大視野。在網路發達的時代，科技更幫助人們與廣大的世界相互連結，可資學習與模仿的對象與範圍迅速增加。如何篩選有用的知識，在增廣見識的同時也能逐步形成自己的知識體系，也是重要的工作。

91

為鄉鄰解紛爭，使得和好如初，即化人之事也[1]；為世俗談因果，使知報應不爽[2]，亦勸善之方也。

92

發達雖命定，亦由肯做功夫；福壽雖天生，還是多積陰德。

93

常存仁孝心，則天下凡不可為者皆不忍為，所以孝居百行之先；一起邪淫念，

‖94 ‖95

則生平極不欲為者皆不難為，所以淫是萬惡之首。

自奉必減幾分方好，處世能退一步為高。

守分安貧，何等清閒，而好事者偏自尋煩惱；持盈保泰[3]，總須忍讓，而恃強者乃自取滅亡。

注釋

1 化人：勸化、教化。

2 報應不爽：報應不會有錯失。

3 持盈保泰：處於高位時，仍然能小心謹慎，以避免災禍。

‖96 ‖97

人生境遇無常，須自謀吃飯之本領；人生光陰易逝，要早定成器之日期[1]。

川學海而至海，故謀道者不可有止心[2]；莠非苗而似苗[3]，故窮理者不可無真見。[4]

守身必謹嚴，凡足以戕吾身者宜戒之[5]；養心須淡泊，凡足以累吾心者勿為也。

注釋

1 成器：成材，可造就。

2 謀道：探求道義與學問。

3 莠：一年生草本植物，穗有毛，很像穀子。比喻不好的人。

4 窮理者：窮究事物的道理。

賞析與點評

希望探求知識有成，必須不自我設限，同時在廣博地吸收各種想法的過程中，逐步培養辨識優劣的能力。現代社會中公共議題的論辯也是如此，需要廣泛蒐集各種意見，真確地了解各方說法，再下定論與決定，如核能發電議題的討論就是一個具體的例子。

99 人之足傳，在有德，不在有位[1]；世所相信，在能行，不在能言。

100 與其使鄉黨有譽言[2]，不如令鄉黨無怨言；與其為子孫謀產業，不如教子孫習恆業。

101 多記先正格言[3]，胸中方有主宰[4]；閒看他人行事，眼前即是規箴[5]。

102 陶侃運甓官齋[6]，其精勤可企而及也；謝安圍棋別墅[7]，其鎮定非學而能也。

注釋

1 有位：指居官位。

2 譽言：讚美的話。

3 先正：前代的賢人。

4 主宰：主管、支配，此處指定見。

5 規箴（粵：針；普：zhēn）：勸勉、告誡的言語。

6 陶侃運甓官齋：陶侃（二五九—三三四），晉朝名將，任職廣州刺使期間，每天清晨搬磚到官署外，傍晚再搬進署內。旁人覺得奇怪，他解釋道：「吾方致力於中原，過爾優逸，恐不堪事，故自勞爾。」因此被稱為「運甓翁」。

7 謝安圍棋別墅：謝安（三二〇—三八五），東晉人。淝水之戰時，正當前秦與晉軍對峙情勢最嚴重之際，擔任東晉衛將軍的謝安臨危不亂，仍然鎮定地在別墅與朋友下棋，大為穩定首都建康的人心。

賞析與點評

這幾段話中最值得注意的是作者突顯過往聖賢、鄉黨對個人修習道德、學問的影響，透過模仿先賢言行，以及鄉里族人的督促，人們可以避免錯誤，並確立適切的發展道路。

‖104‖103

但患我不肯濟人，休患我不能濟人；須使人不忍欺我，勿使人不敢欺我。

何謂享福之人，能讀書者便是；何謂創家之人，能教子者便是。

105

子弟天性未漓[1]，教易行也，則體孔子之言以勞之[2]，勿溺愛以長其自肆之心。

子弟習氣已壞，教難行也，則守孟子之言以養之，勿輕棄以絕其自新之路。

注釋

1 漓：浮薄。

2 體：親身體驗。

106

忠實而無才，尚可立功，心志專一也；忠實而無識，必至僨事[1]，意見多偏也。

107

人雖無艱難之時，卻不可忘艱難之境；世雖有僥倖之事，斷不可存僥倖之心。

108

心靜則明，水止乃能照物；品超斯遠[2]，雲飛而不礙空[3]。

109

清貧乃讀書人順境，節儉即種田人豐年。

110

正而過則迂[4]，直而過則拙，故迂拙之人猶不失為正直；高或入於虛，華或入

於浮，而虛浮之士究難指為高華[5]。

注釋

1 僨（粵：奮；普：fèn）事：敗事。

2 品超斯遠：斯，乃、就之意。品格高超才能使人志向高遠。

3 礙：阻礙。

4 迂：迂腐。

5 高華：品行高遠而有才華。

賞析與點評

擁有天賦的才能並不能保證成功，還必須虛心、正直、不自以為是、不虛浮，才能真正有所作為。

人知佛老為異端[1]，不知凡背乎經常者[2]，皆異端也；人知楊墨為邪說[3]，不知凡涉於虛誕者，皆邪說也。

注釋

1 佛老：佛教和道教。

2 經常：恆常不變的道理。

3 楊墨：指楊朱和墨翟。楊朱，戰國時期魏國人。其學說注重以「我」為中心，在戰國之世列國相爭，生民塗炭的背景下，提倡貴己、貴生，認為「人人不損一毫，人人不利天下，天下治也。」墨翟，戰國時魯國人，提倡兼愛、非攻等主張。戰國時代，儒家、楊朱、墨家的學說同屬顯學，都是針對當時的情勢，提出解決辦法的政治思想。

112

圖功未晚[1]，亡羊尚可補牢[2]；浮慕無成，羨魚何如結網[3]。

注釋

1 圖功：謀求功業。

2 亡羊尚可補牢：犯錯後適時更正，尚可補救。

3 羨魚何如結網：比喻雖然有希望，但如果只是憑空想像，很難收實效，不如確實的實行，才有可能成功。

113

道本足於身，以實求來，則常若不足矣；境難足於心，盡行放下，則未有不足矣。

114

讀書不下苦功，妄想顯榮，豈有此理？為人全無好處，欲邀福慶，從何得來？

賞析與點評

這兩段文句的關鍵字為「實」與「足」，作者認為不論讀書、求取真理或做事，總需實實在在做去，不可好高騖遠。

115 才覺己有不是，便決意改圖，此立志為君子也；明知人議其非，偏肆行無忌，此甘心做小人也。

116 淡中交耐久，靜裏壽延長。

117 凡遇事物突來，必熟思審處，恐貽後悔；不幸家庭釁起，須忍讓曲全，勿失舊歡。

118 聰明勿使外散，古人有纊以塞耳[1]，旒以蔽目者矣[2]；耕讀何妨兼營，古人有出而負耒[3]，入而橫經者矣[4]。

注釋

1 纊（粵：礦；普：kuàng）：棉絮。

2 旒（粵：流；普：liú）：冠冕上垂懸的珠玉。

3 負耒（粵：類；普：lěi）：扛着農具。耒，需用手推耕的犁。

4 橫經：橫陳經籍，指讀書。

身不飢寒，天未曾負我；學無長進，我何以對天。不與人爭得失，惟求己有知能[1]。

注釋

1 知能：知識、能力。

為人循矩度[1]，而不見精神，則登場之傀儡也[2]；做事守章程，而不知權變[3]，則依樣之葫蘆也。

注釋

1 矩度：規矩、法度。

2 傀儡：比喻沒有主見，甘心任人操縱的人。

3 權變：隨機應變。

賞析與點評

制度和規則定義了人與人之間如何互動，成為規範個人行事作為的基本原則。不過，制度和規則卻並非不能變動，尤其在面對不同的時代與環境時，尊重地方習慣，應時而變，尋求最適切的行事準則，將更有利於事務的推動與問題的解決。

文章是山水化境[1]，富貴乃煙雲幻形。郭林宗為人倫之鑑[2]，多在細微處留心；王彥方化鄉里之風[3]，是從德義中立腳。

注釋

1 文章是山水化境：絕妙的文章如同自然山水一樣已達到最高的境界。

2 郭林宗：即郭泰（一二八—一六九），東漢太原人，是東漢末年太學生的領袖之一。郭林宗十分博學，善於洞察時勢。在東漢注重清議，以人倫道德為準，品評當朝人物的潮流中，郭林宗發展出人倫鑑識的理論，而為時人所重。

3 王彥方：即王烈，東漢太原人。因為人正直，而為鄉里人所尊敬。遭逢東漢末年亂世，避居遼東以終。

天下無憨人，豈可妄行欺詐；世人皆苦人，何能獨享安閒。

甘受人欺，定非懦弱；自謂予智，終是糊塗。

漫誇富貴顯榮[1]，功德文章要可傳諸後世；任教聲名煊赫[2]，人品心術不能瞞過史官。

注釋

1 漫誇：胡亂誇耀。

2 煊赫：聲勢盛大、顯赫。

賞析與點評

過度浮誇而不實在，終究難以逃過世人的檢驗。作者在本書中不斷強調讀書、行事需踏實、努力，不可只依恃天賦才能。

127 神傳於目[1]，而目則有胞[2]，閉之可以養神也；禍出於口，而口則有唇，闔之可以防禍也。

128 富家慣習驕奢，最難教子；寒士欲謀生活，還是讀書。

129 人犯一苟字，便不能振；人犯一俗字，便不可醫。

130 有不可及之志，必有不可及之功；有不忍言之心，必有不忍言之禍。

131 事當難處之時，只讓退一步，便容易處矣；功到將成之候，若放鬆一着，便不能成矣。

注釋

1 神傳於目：精神、意態可以經由眼睛傳達出來。

2 胞：上下眼皮。

132

無財非貧，無學乃為貧；無位非賤[1]，無恥乃為賤；無年非夭[2]，無述乃為夭[3]；無子非孤，無德乃為孤。

133

知過能改，便是聖人之徒；惡惡太嚴[4]，終為君子之病。

134

士必以詩書為性命，人須從孝悌立根基。

注釋

1 無位：沒有官位。

2 無年非夭：無年，無法長壽。夭，短命。

3 無述：未能留下值得稱述的事跡，也可理解為沒有留下可以傳世的著作。

4 惡惡：憎惡邪惡的人或事。

賞析與點評

三不朽的價值——立德、立功、立言，是儒家對讀書人負擔社會責任最深切的期待，這樣的價值觀卻可能與現實世界對所謂發達之士（有財、有官位、長壽）的定義不同。作者期望以嚴格的自省，喚醒知識份子的社會關懷，而他認為三不朽價值觀，就是最直接的指引。在現代社會，需要展現社會關懷的不只是知識份子，也包括芸芸大眾，尤其在變動快速、連結頻繁的時代中，人們更加無法獨善其身，唯有起而思考公共問題，尋求解決方案，才得以改變現狀。

135 德澤太薄，家有好事，未必是好事。得意者何可自矜[1]？天道最公，人能苦心，斷不負苦心，為善者須當自信。

136 把自己太看高了，便不能長進；把自己太看低了，便不能振興。

137 古之有為之士，皆不輕為之士[2]；鄉黨好事之人，必非曉事之人。

138 偶緣為善受累[3]，遂無意為善，是因噎廢食也[4]；明識有過當規[5]，卻諱言有過，是諱疾忌醫也[6]。

注釋

1 自矜：自我誇耀。

2 不輕為：不輕率行事。

3 緣：因為。

4 因噎廢食：比喻因為擔心再犯錯，而把要緊的事擱下不做。

5 有過當規：有過錯應當改正。

6 諱疾忌醫：比喻人掩飾過失，不願聽別人規勸。

139

賓入幕中[1]，皆瀝膽披肝之士[2]；客登座上，無焦頭爛額之人[3]。

140

地無餘利，人無餘力，是種田兩句要言；心不外弛，氣不外浮，是讀書兩句真訣。

141

成就人才，即是栽培子弟；暴殄天物，自應折磨兒孫。

注釋

1 賓入幕中：明清時期許多士人以幕友身份，在官員身邊參與議事。此處比喻為關係親近或參與機密的人。

2 瀝膽披肝：比喻坦誠相待，忠貞不二。

3 焦頭爛額：比喻作事十分艱苦疲憊。

賞析與點評

這幾段話點出若有機會擔任領導人，那麼要謹慎選用有才能，又值得信賴的人才，同時也必須信任屬下，讓他們的能力得到最大的發揮。

142 143

和氣迎人，平情應物[1]；抗心希古[2]，藏器待時[3]。

矮板凳，且坐着；好光陰，莫錯過。

注釋

1 平情應物：以冷靜的心情待人接物。

2 抗心希古：心志高尚，以古人自我期許。

3 藏器待時：比喻人平時應該勤勉學習，等待時機到來，一展長才。

賞析與點評

作者勸勉人不要害怕蟄伏，而應該利用這段時間充實自己，以待發揮才能的時機到來。

144 天地生人，都有一個良心。苟喪此良心，則其去禽獸不遠矣；聖賢教人，總是一條正路。若捨此正路，則常行荊棘之中矣。

145 世上言樂者，但曰讀書樂，田家樂。可知務本業者，其境常安；古之言憂者，必曰天下憂，廊廟憂[1]。可知當大任者，其心良苦。

146 天雖好生，亦難救求死之人；人能造福，即可邀悔禍之天[2]。

147 薄族者[3]，必無好兒孫。薄師者，必無佳子弟。吾所見亦多矣。恃力者，忽逢真敵手。恃勢者，忽逢大對頭。人所料不及也。

148 為學不外「靜」、「敬」二字，教人先去「驕」、「惰」二字。

149 人得一知己，須對知己而無慚。士既多讀書，必求讀書而有用。

150 以直道教人[4]，人即不從，而自反無愧[5]，切勿曲以求榮也[6]。以誠心待人，人或不諒，而歷久自明，不必急於求白也[7]。

注釋

1 廊廟：指朝廷、國家政事。

2 邀：阻擋。

3 薄族者：對待族人刻薄之人。

4 直道：正直之道。

5 自反無愧：自我反省後覺得問心無愧。

6 曲以求榮：曲意迎合別人的心意。

7 求白：希求辯白。

粗糲能甘[1]，必是有為之士。紛華不染[2]，方稱傑出之人。

性情執拗之人，不可與謀事也；機趣流通之士[3]，始可與言文也。

不必於世事件件皆能，惟求與古人心心相印[4]。

夙夜所為[5]，得無抱慚於衾影[6]。光陰已逝，尚期收效於桑榆[7]。

注釋

1 粗糲（粵：厲；普：lì）能甘：即使是艱困的生活，仍然能甘之如飴。

2 紛華不染：即使在繁華熱鬧的環境，仍然能不受到影響。

3 機趣流通：風趣而能靈活變通。

4 心心相印：心意互通。

5 夙夜：從早到晚。

6 無抱慚於衾（粵：襟；普：qīn）影：比喻人光明磊落，即使獨處時也問心無愧。

7 收效於桑榆：桑榆，日落處。比喻年輕時若能努力，晚年時即能有所收穫。

155

念祖考創家基[1]，不知櫛風沐雨[2]，受多少苦辛，才能足食足衣，以貽後世。為子孫計長久，除卻讀書耕田，恐別無生活，總期克勤克儉，毋負先人。

156

但作里中不可少之人，便為於世有濟；必使身後有可傳之事，方為此生不虛。

注釋

1 祖考：祖先。

2 櫛風沐雨：比喻在外奔走，極為辛勞。

賞析與點評

這兩段話的焦點是人在家族、鄉里之間如何自處。作者認為人必須想到祖先創業維艱，也必須為子孫未來設想。而即使無法擔任很高的職位，只要能從事有利於鄉里的工作，那麼就能不枉費此生。從事有利於自己身處的地方社會的工作，除了傳統的救濟事業之外，社區營造也可以是現代社會中極為重要的工作之一。透過集體的行動，面對地方共同的問題，以文化、歷史與共同的生活經驗，凝聚地方民眾的共識，積極為社會帶來改變的力量。

157 齊家先修身[1]，言行不可不慎；讀書在明理，識見不可不高。

158 桃實之肉暴於外，不自吝惜，人得取而食之；食之而種其核，猶饒生氣焉，此可見積善者有餘慶也[2]。栗實之肉秘於內，深自防護，人乃破而食之；食之而棄其穀，絕無生理矣，此可知多藏者必厚亡也。

159 求備之心[3]，可用之以修身，不可用之以接物。知足之心，可用之以處境[4]，不可用之以讀書。

160 有守雖無所展佈[5]，而其節不撓[6]，故與有猷有為而並重[7]；立言即未經起行，而於人有益，故與立功、立德而並傳。

注釋

1 齊家先修身：《大學》一書將士人從個人修養到治理政治分為八個步驟，分別是格物、致知、誠意、正心、修身、齊家、治國、平天下。

2 積善者有餘慶：語出《易經．坤卦．文言》：「積善之家，必有餘慶」。餘慶，指餘留的德澤。

3 求備：求全責備，事事要求做到完善無缺。

4 處境：身處的環境。

5 展佈：施展、發揮。

6 不撓：比喻不屈服、意志堅強。

7 有猷：有原則、道理。

161

遇老成人[1]，便肯殷殷求教[2]，則向善必篤也[3]。聽切實話，覺得津津有味，則進德可期也。

注釋

1 老成人：德高望重的長者。

2 殷殷：懇切的樣子。

3 篤（粵：督；普：dǔ）：專一、切實。

162 有真性情，須有真涵養；有大識見，乃有大文章。

163 為善之端無盡，只講一「讓」字，便人人可行；立身之道何窮，只得一「敬」字，便事事皆整。

164 自己所行之是非，尚不能知，安望知人。古人以往之得失，且不必論，但須論己。

165 治術必本儒術者[1]，念念皆仁厚也；今人不及古人者，事事皆虛浮也。

166 莫大之禍，起於須臾之不忍[2]，不可不謹。

167 家之長幼，皆倚賴於我，我亦嘗體其情否也？士之衣食，皆取資於人，人亦曾受其益否也？

168 富不肯讀書，貴不肯積德，錯過可惜也。少不肯事長，愚不肯親賢，不祥莫大焉。

169 自虞廷立五倫為教[3]，然後天下有大經[4]。自紫陽集四子成書[5]，然後天下有正學[6]。

注釋

1 **治術**：治國的方法。**儒術**：儒家的學術思想。

2 **須臾**：片刻。

3 **虞廷**：虞舜的朝廷。相傳虞舜為古代聖王，因此虞廷也成為聖朝的象徵。**五倫**：即君臣、父子、夫婦、兄弟、朋友等五種人倫關係。

4 **大經**：常道。

5 **紫陽**：即南宋理學家朱熹。**四子成書**：朱熹註解《論語》、《孟子》、《大學》、《中庸》四書，元代之後《四書集注》成為科舉考試的定本。

6 **正學**：合乎正道的學說，此處指程朱理學。

賞析與點評

這幾段話中作者清楚表達，儒家思想作為形塑傳統中國政治、社會價值觀的主流思想，透過經典教育、家族、鄉里組織的傳揚，深入傳統中國的社會。其中，士人在傳播儒家思想，承擔社會責任等層面扮演重要的角色。由此出發，甚麼是適合現代社會的倫理價值？知識份子在促進社會和諧、進步的工作上該扮演甚麼角色？在教育普及，資訊的傳播更加容易的現時社會，一般人又該如何定位自己在社會中的角色？以上都是值得我們進一步深思的問題。

170 意趣清高，利祿不能動也。志量遠大，富貴不能淫也。

171 最不幸者，為勢家女作翁姑[1]；最難處者，為富家兒作師友。

172 錢能福人，亦能禍人，有錢者不可不知；藥能生人，亦能殺人，用藥者不可不慎。

173 凡事勿徒委於人[2]，必身體力行，方能有濟[3]；凡事不可執於己[4]，必廣思集益，乃罔後艱[5]。

注釋

1 翁姑：丈夫的父母。

2 徒：只是。委：委託。

3 濟：成功。

4 執於己：固執己見。

5 乃罔（粵：網；普：wǎng）後艱：罔，沒有。後艱，之後的辛苦、艱難。

174 耕讀固是良謀[1]，必工課無荒[2]，乃能成其業。仕宦雖稱顯貴，若官箴有玷[3]，亦未見其榮。

175 儒者多文為富，其文非時文也[4]；君子疾名不稱[5]，其名非科名也[6]。

176 「博學篤志，切問近思」[7]，此八字，是收放心的功夫[8]；「神閒氣靜，智深勇沉」[9]，此八字，是幹大事的本領。

注釋

1 **良謀**：好的策略。

2 **工課無荒**：耕作與讀書都不荒廢。

3 **官箴**：官吏應守的禮法。玷：過失、缺點。

4 **時文**：科舉時代應試之文，明清時期即指八股文。

5 **疾名不稱**：疾，擔心。不稱：不顯揚。只擔心自己的聲名無法顯揚。

6 **科名**：科舉功名。

7 **博學篤志，切問近思**：語出《論語・子張》：「博學而篤志，切問而近思，人在其中矣。」意指意志堅定，廣博地求取學問，並且懇切地向人請教，然後仔細地思考。

8 **收放心**：收回放縱之心。

9 **神閒氣靜，智深勇沉**：神態安詳閒適，心情平靜，並且謀慮深遠，勇敢沉著。

賞析與點評

擁有聲名與成就是人人所希望達成的目標，但是如果徒有聲名或官位，卻不能對社會有實質的貢獻，也就失去為官的意義。因此，與其求取虛名，不如培養自己深思明辨的能力，以及勇敢沉着的心志，這才真正是能完成大事業的本領。現代社會的多元價值觀念也可以是上述概念的進一步延伸，甚麼是理想而有貢獻的工作？投入國際志工、各種NGO組織的人所從事的工作，不一定在學歷、職位與工作內容上互相應稱，但是卻體現了人類社會極為可貴的利他價值。對從事這些工作的人來說，也是一種難得的自我實現。

‖177 何者為益友？凡事肯規我之過者是也[1]。何者為小人？凡事必徇己之私者是也[2]。

‖178 待人宜寬，惟待子孫不可寬；行禮宜厚，惟行嫁娶不必厚。

注釋

1 規：規勸。

2 徇己之私：受私情左右，不能秉公處理事務。

‖180‖179

事但觀其已然[1]，便可知其未然[2]；人必盡其當然[3]，乃可聽其自然[4]。

觀規模之大小，可以知事業之高卑；察德澤之淺深，可以知門祚之久暫。

注釋

1 已然：已經發生的情況。

2 未然：未來可能的狀況。

3 當然：理應如此。

4 聽其自然：任由人或事務自然發展，而不加以干涉。

181

義之中有利，而尚義之君子，初非計及於利也[1]；利之中有害，而趨利之小人，並不顧其為害也。

182

小心謹慎者，必善其後，暢則無咎也[2]；高自位置者[3]，難保其終，亢則有悔也[4]。

注釋

1 計：設想、推測。

2 暢則無咎：通達而沒有缺失。

3 高自位置：位居高位的人。

4 亢則有悔：亢，高傲。全句指位居高位的人如果過於自滿，則可能無法免於敗亡。本句轉自《易經》乾卦：「亢龍有悔。」

183 耕所以養生，讀所以明道[1]，此耕讀之本原也，而後世乃假以謀富貴矣。衣取其蔽體，食取其充飢，此衣食之實用也，而時人乃藉以逞豪奢矣[2]。

184 人皆欲貴也，請問一官到手，怎樣施行？人皆欲富也，且問萬貫纏腰，如何佈置[3]？

185 文、行、忠、信[4]，孔子立教之目也，今惟教以文而已；志道、據德、依仁、遊藝[5]，孔門為學之序也，今但學其藝而已。

注釋

1 明道：知曉道理。

2 逞：顯露。

3 佈置：安排。

4 文、行、忠、信：孔子以這四者教導學生。文，典籍；行，德行；忠，對別人盡心；信，誠實。

5 志道、據德、依仁、遊藝：是孔門為學的順序。志道，立志於道義；據德，堅守於信義；依仁，不違背仁之道；遊藝，熟習禮、樂、射、禦、書、數六種技藝。

隱微之衍[1]，即干憲典[2]，所以君子懷刑也[3]。技藝之末，無益身心，所以君子務本也[4]。

注釋

1 隱微之衍：微小而隱蔽的過錯。
2 干憲典：觸犯法律。
3 君子懷刑：君子在行動時會顧慮到制度規範。語出《論語・里仁》：「君子懷刑，小人懷惠。」
4 君子務本：君子會專心於根本的工作。語出《論語・學而》：「君子務本，本立而道生。」

賞析與點評

這段話主要討論人的行為與制度規範之間的關係。作者認為人應該對於行為中可能違犯規範的行為更加小心謹慎，並且思考甚麼是最根本而重要的工作。由這段話出發，我們應該對於各種影響人們日常生活、權益、意識的制度、規範，具有反思能力，並且透過積極的討論與行動，尋求良善制度的實現。

187 士既知學，還恐學而無恆；人不患貧，只要貧而有志。

188 用功於內者，必於外無所求；飾美於外者，必其中無所有。

189 盛衰之機[1]，雖關氣運[2]，而有心者必貴諸人謀[3]；性命之理[4]，固極精微，而講學者必求其實用。

190 魯如曾子，於道獨得其傳，可知資性不足限人也；貧如顏子，其樂不因以改，可知境遇不足困人也。

191 敦厚之人，始可託大事，故安劉氏者[5]，必絳侯也[6]；謹慎之人，方能成大功，故興漢室者，必武侯也[7]。

注釋

1 **機**：關鍵。

2 **氣運**：命運。

3 **貴諸人謀**：重視人的謀畫。

4 **性命之理**：追求生命本原與道理的學問。宋代之後主要用以指稱理學。

5 **劉氏**：指漢高祖劉邦所建立的漢朝。

6 **絳侯**：即周勃（?—前一六九），沛縣人。隨劉邦起義，率領軍隊滅秦，漢朝成立後，平定燕王、韓王之亂。周勃逝世後，朝廷贈諡為「武侯」。

賞析與點評

作者認為真正能成大事的人，不一定是天資十分聰穎的人，而是敦厚、做事謹慎、意志堅定的人。因此他勸勉世人應該磨練心性，在困境中，更要培養、厚植自身的能力。

以漢高祖之英明，知呂后必殺戚姬[1]，而不能救止[2]，蓋其禍已成也。以陶朱公之智計[3]，知長男必殺仲子，而不能保全，殆其罪難宥乎[4]？

處世以忠厚人為法，傳家得勤儉意便佳。

注釋

1 呂后：漢高祖劉邦的皇后呂雉。戚姬：劉邦的寵姬戚夫人，生子趙王如意。劉邦廢太子欲立趙王，呂后甚為不悦。劉邦死後，呂后殺趙王如意，截斷戚夫人手足，稱其為「人彘」。

2 救止：解救阻止。

3 陶朱公：即春秋時人范蠡。曾助越王句踐滅吳，後棄官遠遊，居於定陶，自稱朱公。之後以經商致富。

4 宥：寬恕、原諒。

紫陽補《大學．格致》之章[1]，恐人誤入虛無，而必使之即物窮理[2]，所以維正教也[3]；陽明取孟子良知之說[4]，恐人徒事記誦，而必使之反己省心[5]，所以救末流也。

注釋

1 紫陽：即南宋理學家朱熹（一一三〇—一二〇〇）。他為《大學》做章句集注，並做〈格致補傳〉，明確説明「格物致知」的意涵。自此之後，引發不少議論。

2 即物窮理：程朱理學認為事事物物都是「理」的表現，所以要依據具體的事物來窮究「理」。

3 正教：正統名教。

4 陽明：即明代心學家王守仁（一四七二—一五二九）。他一生功業彪柄，曾平定寧王朱宸濠之亂，受封「新建伯」。主張以「心」為本體，提出「求理於吾心」的知行合一學說。

5 反己省心：反省自我的內心。

賞析與點評

作者對程朱理學與王陽明心學的解讀，受到清代中葉時代環境的影響，因此特別強調程朱理學中「即物窮理」及陽明心學中「反己省心」的觀點。前者注重著落在實際的事物上思考問題，後者則強調自我省察的重要性。這兩種觀點在當時受到重視，反映出當時人希望透過更嚴格的省察自身的行為，更關注當代的社會與事務，以求重新整頓逐漸失序的社會狀況。

‖195

人稱我善良，則喜；稱我兇惡，則怒。此可見兇惡非美名也，即當立志為善良。我見人醇謹，則愛；見人浮躁，則惡。此可見浮躁非佳士也，何不反身為醇謹[1]。

‖196

處事要寬平，而不可有鬆散之弊；持身貴嚴厲，而不可有激切之形[2]。

‖197

天有風雨，人以宮室蔽之；地有山川，人以舟車通之。是人能補天地之闕也[3]，而可無為乎？人有性理，天以五常賦之[4]；人有形質[5]，地以六穀養之。是天地且厚人之生也，而可自薄乎[6]？

注釋

1 反身：回過頭來要求自己。

2 激切：激烈。

3 闕：過失。

4 五常：指仁、義、禮、智、信。

5 形質：身體、軀體。

6 自薄：自我菲薄。

人之生也直，人苟欲生[1]，必全其直；貧者士之常，士不安貧，乃反其常。進食需箸[2]，而箸亦只悉隨其操縱所使，於此可悟用人之方；作書需筆，而筆不能必其字畫之工[3]，於此可悟求己之理。

‖199

家之富厚者，積田產以遺子孫，子孫未必能保。不如廣積陰功[4]，使天眷其德，或可少延；家之貧窮者，謀奔走以給衣食，衣食未必能充。何若自謀本業，知民生在勤，定當有濟。

‖200

言不可盡信，必揆諸理[5]；事未可遽行[6]，必問諸心。

注釋

1 茍：如果、假設。

2 箸：筷子。

3 工：精緻、巧妙。

4 陰功：陰德。

5 揆（粵：愧；普：kuí）諸理：揆，揣測、審度。全句意指必須從道理、常理來判斷。

6 遽（粵：巨；普：jù）行：突然進行。

202 201

兄弟相師友，天倫之樂莫大焉；閨門若朝廷[1]，家法之嚴可知也。

友以成德也，人而無友[2]，則孤陋寡聞，德不能成矣；學以愈愚也[3]，人而不學，則昏昧無知，愚不能愈矣。

注釋

1 閨門：內室的門，此處指家門。

2 成德：成就德行。

3 愈愚：治療愚昧。

賞析與點評

這兩段講述家人、朋友的相處之道。無論是家人或朋友，都應該是互相激勵、互相成長。人也可以透過與家人、朋友的交往，開拓視野，對事事物物有更深的體會。更進一步來說，科技的發展使人有更多的機會接觸日常生活圈之外的人、事、物，獲取更為多元的資訊。知識累積的方式，已經不再限於人與人之間直接面對面的交流。因此，保持開放的心靈，用心理解各種意見，慎思明辨，對於能力的培養將有極大的幫助。

明犯國法，罪累豈能幸逃？白得人財，賠償還要加倍。

浪子回頭，仍不慚為君子。貴人失足[1]，便貽笑於庸人[2]。

注釋

1 失足：失節或誤入歧途。

2 貽笑：遺留笑柄。庸人：一般人。

205 飲食男女[1]，人之大欲存焉，然人欲既勝，天理或亡[2]。故有道之士，必使飲食有節，男女有別。

206 東坡《志林》有云[3]：「人生耐貧賤易，耐富貴難；安勤苦易，安閒散難；忍疼易，忍癢難；能耐富貴、安閒散、忍癢者，必有道之士也。」余謂如此精爽之論[4]，足以發人深省，正可於朋友聚會時，述之以助清談[5]。

207 余最愛《草廬日錄》有句云[6]：「淡如秋水貧中味，和若春風靜後功[7]。」讀之覺矜平躁釋[8]，意味深長。

注釋

1 飲食男女：泛指人類對食物、情愛的欲求和本性。

2 天理：天道或倫常的法則。

3 東坡：即蘇軾（一〇三七—一一〇一），宋代眉州眉山人。善書法、繪畫、詩、詞、賦。一生仕途坎坷，屢遭貶謫。《東坡志林》一書為蘇軾自元豐到元符年間約二十年的雜説筆記，內容無所不包，充分反映出蘇軾灑脱豪放的性格。

4 精爽：原指精神、靈魂，此處意指精確而暢快。

5 清談：閒談、閒聊。

6 草廬日錄：即明代理學家吳與弼（一三九一－一四六九）所做的《日錄》。吳與弼生於江西崇仁縣，十九歲時讀到朱熹編纂的《伊洛淵源錄》，決定放棄舉業，專心於理學。《日錄》是他一生言行的體現。黃宗羲在《明儒學案》中將吳與弼列為崇仁學案第一人。

7 淡如秋水貧中味，和若春風靜後功：形容在貧困或是安靜的環境中，都能夠修養身心。

8 矜平躁釋：平息驕傲自負的心，消散浮躁之氣。

賞析與點評

這幾段話的核心概念是節制欲望，尤其是面對財富、情愛等情況時，唯有克制私欲，持續努力，不懈怠，才有可能增進道德，事業成功。

208 敵加於己，不得已而應之，謂之應兵，兵應者勝；利人土地[1]，謂之貪兵，兵貪者敗，此魏相論兵語也[2]。然豈獨用兵為然哉？凡人事之成敗，皆當作如是觀。

209 凡人世險奇之事，決不可為，或為之而幸獲其利，特偶然耳，不可視為常然也。可以為常者，必其平淡無奇，如耕田讀書之類是也。

210 憂先於事故能無憂，事至而憂無救於事，此唐史李絳語也[3]。其警人之意深矣，可書以揭諸座右[4]。

211 堯、舜大聖，而生朱、均[5]。瞽、鯀至愚[6]，而生舜、禹；揆以餘慶餘殃之理[7]，似覺難憑。然堯、舜之聖，初未嘗因朱、均而減。瞽、鯀之愚，亦不能因舜、禹而掩，所以人貴自立也。

注釋

1 利人土地：貪求別人的土地。

2 魏相（？—前五九）：西漢濟陽人。深受漢宣帝信任，官至宰相。西漢元康年間，匈奴侵擾漢屯田車師，宣帝本想趁匈奴衰弱，襲擊匈奴，魏相上書勸阻，認為不應該在邊郡困乏的情況下另起戰端，如果沒辦法忍下憤怒，反而容易招敗。漢宣帝後來接受了魏相的勸諫，停止攻打匈奴的計畫。

3 李絳（七六四－八三〇）：唐憲宗時大臣，為人正直，直諫敢言。

4 揭諸座右：寫在座位右邊，用以策勵自己。

5 朱、均：即丹朱、商均，分別是堯、舜的兒子。丹朱性格剛烈，商均則被其父舜認為十分愚笨。

6 餘慶餘殃：前輩遺留的德澤與災禍。語出《易經》：「積善之家，必有餘慶；積不善之家，必有餘殃。」

程子教人以靜[1]，朱子教人以敬[2]，靜者心不妄動之謂也，敬者心常惺惺之謂也[3]。又況靜能延壽，敬則日強，為學之功在是，養生之道亦在是，靜敬之益人大矣哉，學者可不務乎？

卜筮以龜筮為重[4]，故必龜從筮從乃可言吉[5]。若二者有一不從，或二者俱不從，則宜其有凶無吉矣。乃《洪範》稽疑之篇[6]，則於龜從筮逆者，仍曰作內吉[7]。於龜筮共違於人者，仍曰用靜吉[8]。是知吉凶在人，聖人之垂戒深矣。人誠能作內而不作外，用靜而不用作，循分守常[9]，斯亦安往而不吉哉！

注釋

1 程子：即北宋理學家程顥（一〇三二—一〇八五）、程頤（一〇三三—一一〇七）。認為人能心靜，不惑於外物，才有助於修身治學。

2 朱子教人以敬：朱子即朱熹。朱子以持敬為修養的方法，亦即收斂放縱散逸的心，以謹慎恭謙的狀態，窮究一切道理。

3 惺惺：清醒。

4 卜筮：以龜甲推斷吉凶為「卜」，以蓍草推斷吉凶為「筮」。

5 龜從筮從：占卜得吉兆。

6《洪範》稽疑之篇：相傳周武王滅商後，曾向箕子請教治國的方法，箕子所陳述的九種治國方略後來被記錄下來，成為《洪範》一書，〈稽疑〉就是其中一篇，講述一種依賴占卜的決策制度。不過，現代學者懷疑《洪範》為戰國時人假託政治理想的著作。

7 作內吉：龜甲和蓍草的占卜結果不同，不過只要內修，仍為吉。

8 用靜吉：龜甲和蓍草的占卜結果雖然跟人的意志相違背，但是如果能守常不變，則仍是吉兆。

9 循分守常：安分、固守常法。

賞析與點評

這兩段話的重點都在述說自我修養的重要。只有謹守本分，以謹慎、不卑不亢的態度對待每件事、每個人，才能增進自己的內在涵養，並且靈活地面對各種外在環境的變化。

214 每見勤苦之人，絕無癆疾[1]，顯達之士多出寒門，此亦盈虛消長之機[2]，自然之理也。

215 欲利己，便是害己；肯下人[3]，終能上人[4]。

216 古之克孝者多矣[5]，獨稱虞舜為大孝[6]，蓋能為其難也；古之有才者眾矣，獨稱周公為美才[7]，蓋能本於德也。

217 不能縮頭者，且休縮頭；可以放手者，便須放手。

注釋

1 癆疾：肺結核。
2 盈虛消長：盈滿或虛空此消彼長的狀態。
3 下人：屈居人之下。
4 上人：位置居於人之上。
5 克孝：克盡孝道。
6 虞舜：即舜。雖然他的父親與後母一心想謀害他，他仍然十分孝順，因此被稱為「大孝」。

7 稱周公為美才：周公制禮作樂，創制一代的制度，並對後世影響深遠，因此被稱為賢能之人。

218 居易俟命[1]，見危授命[2]，言命者，總不外順受其正；木訥近仁[3]，巧令鮮仁[4]，求仁者，即可知從入之方[5]。

219 見小利，不能立大功。存私心，不能謀公事。

220 正己為率人之本[6]，守成念創業之艱。

221 在世無過百年，總要作好人、存好心，留個後代榜樣；謀生各有恆業，那得管閒事、說閒話，荒我正經工夫。

注釋

1 居易俟命：處於平易的狀況之下，等待時機的到來。

2 見危授命：面臨危難時，能不惜犧牲個人生命，全力以赴。
3 木訥近仁：質樸、遲鈍、不擅言詞，就近於「仁」了。
4 巧令鮮仁：語出《論語・學而》：「巧言令色，鮮矣仁。」用花言巧語跟偽善的面目來取悅別人，就不是「仁」了。
5 從入之方：知道如何實踐的方法。
6 率人：為人表率。

賞析與點評

作者認為無論在平時或是危難之時都要以「仁」為最高標準修養自己，等待能夠有所作為的時機到來。尤其是知識份子，更該將此視為自己的本分，不僅盡心盡力完成份內的工作，更要懷抱社會關懷，如此才能改善社會的現況，並樹立值得效法的人格典型。

名句索引

一畫

二畫

三畫

四畫

六畫

七畫

八畫

九畫

為人循矩度，而不見精神，則登場之傀儡也；做事守章程，而不知權變，則依樣之葫蘆也。　〇八四

風俗日趨於奢淫，靡所底止，安得有敦古樸之君子，力挽江河；人心日喪其廉恥，漸至消亡，安得有講名節之大人，光爭日月。　〇三一

看書須放開眼孔，做人要立定腳根。　〇四八

十畫

財不患其不得，患財得而不能善用其財；祿不患其不來，患祿來而不能無愧其祿。　〇四九

十一畫

教子弟於幼時，便當有正大光明氣象；檢身心於平日，不可無憂勤惕厲功夫。　〇二五

處事要代人作想，讀書須切己用功。　〇二七

敦厚之人，始可託大事，故安劉氏者，必絳侯也；謹慎之人，方能成大功，故興漢室者，必武侯也。　一〇九

十三畫

十五畫

十六畫

十七畫

講大經綸，只是實實落落；有真學問，決不怪怪奇奇。

○四二

二十二畫

讀書無論資性高低，但能勤學好問，凡事思一個所以然，自有義理貫通之日；立身不嫌家世貧賤，但能忠厚老成，所行無一毫苟且處，便為鄉黨仰望之人。

○三八

二十五畫

觀朱霞，悟其明麗；觀白雲，悟其卷舒；觀山嶽，悟其靈奇；觀河海，悟其浩瀚，則俯仰間皆文章也。對綠竹，得其虛心；對黃華，得其晚節；對松柏，得其本性；對芝蘭，得其幽芳，則遊覽處皆師友也。

○五二

新 視 野
中華經典文庫

新 視 野
中華經典文庫